U0965599

金城出版社 · 燃体育书系

最催泪的青春记忆，最燃的球星故事。
巨星自述，体育名家说球，俱乐部官方授权作品。
做书，我们做最好的那部分。

足球系列
FOOTBALL

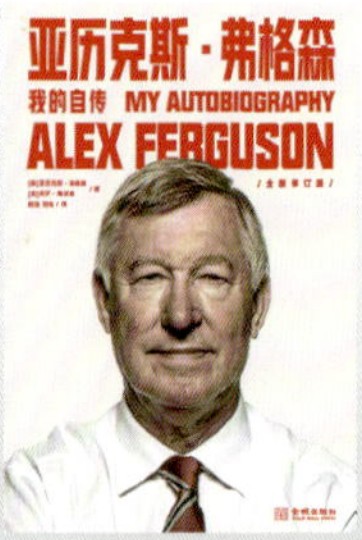

《亚历克斯·弗格森：我的自传》
作者：[英]亚历克斯·弗格森 译者：颜强 田地

《狼王：托蒂自传》
作者：[意]弗朗切斯科·托蒂 [意]保罗·孔多
译者：朱晓雨 陈坚

《硝烟之子：莫德里奇传》
作者：[西]文森特·阿兹塔特 [西]何塞·曼努埃尔·普尔塔斯
译者：汪天艾

《我的转身：克鲁伊夫自传》
作者：[荷]约翰·克鲁伊夫 译者：陈文江

《真相：若泽·穆里尼奥传》
作者：[英]罗伯特·比斯利 译者：搜达足球 陈丁睿

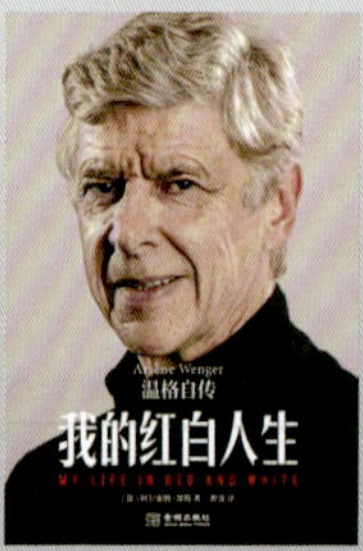

《我的红白人生：温格自传》
作者：[法]阿尔塞纳·温格 译者：颜强

《我，就是足球：伊布自传》
作者：[瑞典]兹拉坦·伊布拉西莫维奇

《艺术大师：伊涅斯塔自传》
作者：[西]安德烈斯·伊涅斯塔

《赢家：齐达内传》
作者：[荷]帕特里克·福特

《杰拉德自传：永不独行，我的利物浦岁月》
作者：[英]史蒂文·杰拉德 译者：陈文江

《谁与争锋：蒂埃里·亨利传》
作者：《天下足球》

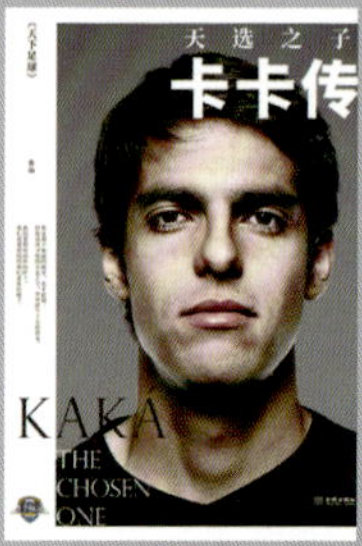

《天选之子：卡卡传》
作者：《天下足球》

莫德里奇在国际扎普雷西奇 2004/2005 赛季的官方肖像。

和斯雷奇科·博格丹。

2005 年 12 月 12 日，莫德里奇代表萨格勒布迪纳摩参加了一场友谊赛。

2006 年 2 月 12 日，莫德里奇和巴西人爱德华多·达·席尔瓦一起庆祝迪纳摩进球。

2006 年 2 月 12 日，和队友庆祝迪纳摩进球。

2006 年 2 月 12 日，年轻的莫德里奇代表克罗地亚萨格勒布迪纳摩出场。

2006 年 2 月 14 日，莫德里奇身披迪纳摩战袍在比赛中。

2006 年 2 月 14 日，在萨格勒布迪纳摩的比赛中。

2006 年 2 月 18 日，莫德里奇在萨格勒布迪纳摩的比赛中控球。

2007 年 7 月 28 日，莫德里奇代表萨格勒布迪纳摩激战正酣。

2008 年 11 月 18 日，莫德里奇与导师托米斯拉夫・巴西克见面。

克罗地亚偶像：孩子们都想和他留一样的发型。

代表热刺闪亮英伦。

梦想成真：转会皇马。

快乐：在皇马取得成功。

和皇马一起称霸欧洲。

在弗洛伦蒂诺·佩雷斯身边捧起金球奖。

莫德里奇代表皇家马德里在英国威尔士加的夫城球场参加 2014 年欧洲超级杯，对阵塞维利亚。

2014 年巴西世界杯上莫德里奇成为克罗地亚的领军人物。

2014/2015 赛季，莫德里奇在皇家马德里的官方照。

Luka Modrić
El hijo de la guerra

莫德里奇传

（西）文森特·阿兹塔特
（西）何塞·曼努埃尔·普尔塔斯 著
艾树 译

金城出版社
GOLD WALL PRESS
中国·北京

图书在版编目（CIP）数据

硝烟之子：莫德里奇传/（西）文森特·阿兹塔特，（西）何塞·曼努埃尔·普尔塔斯著；艾树译.—北京：金城出版社有限公司，2023.1
ISBN 978-7-5155-2023-0

Ⅰ.①硝… Ⅱ.①文… ②何… ③艾… Ⅲ.①卢卡·莫德里奇－传记
Ⅳ.①K835.553.547

中国版本图书馆CIP数据核字(2020)第094202号

硝烟之子：莫德里奇传
XIAOYAN ZHI ZI：MODELIQI ZHUAN

作　　者　（西）文森特·阿兹塔特（西）何塞·曼努埃尔·普尔塔斯
译　　者　艾　树
责任编辑　王思硕
责任校对　许　姗
责任印制　李仕杰
开　　本　710毫米×1000毫米　1/16
印　　张　14
字　　数　130千字
版　　次　2023年1月第1版
印　　次　2023年1月第1次印刷
印　　刷　鑫艺佳利（天津）印刷有限公司
书　　号　ISBN 978-7-5155-2023-0
定　　价　55.00元

出版发行　金城出版社有限公司 北京市朝阳区利泽东二路 3 号 邮编：100102
发 行 部　（010）84254364
编 辑 部　（010）64391966
总 编 室　（010）64228516
网　　址　http://www.jccb.com.cn
电子邮箱　jinchengchuban@163.com
法律顾问　北京市安理律师事务所 18911105819

目　录

代序

卢卡·莫德里奇：我们的大师，我们的骄傲

达沃·苏克

克罗地亚历来盛产富于创造、智慧且球技出众的中场球员。我的国家队生涯曾有幸与三位足球魔术师并肩作战：兹沃尼米尔·博班、罗伯特·普罗辛内茨基和阿廖沙·阿萨诺维奇。1998 年世界杯上我们能获得季军，还有我的赛事“金靴奖”，都多亏他们的传球和解读比赛的能力。

提到这些是因为卢卡·莫德里奇是克罗地亚足球的正统接班人。我知道博班是他的偶像，他们有太多相似的特点：控球能力、灵动传球、解读比赛，还有技术实力。

除此之外，卢卡在球场上的跑位绝佳，这让他拥有非常优异的防守能力。他极高的职业道德、干净的铲断和不屈不挠的精神使他在球场内外都是出色的榜样，成为现代足球世界里教练都喜爱并想拥有的球员。上一秒他还是后防线完美的“门锁”，

下一脚球他已摇身一变成为进攻中的10号位球员。没有多少球员能在如此高的水准上做到这一点。

无论是个人生活还是职业生涯，他成为今天的巨星走过的路都绝非平坦轻易。少年时代，他的身体比同龄的孩子更瘦弱，虽然技术能力十分亮眼，但也没有被视作奇才。

不过，在兹林伊斯基和国际扎普雷西奇租借期间，他展现出坚韧的身体和强大的精神力量，以这样的表现告诉萨格勒布迪纳摩他可以成为母队重要的一员。在“卢卡”牌马车的率领下，迪纳摩坐定克罗地亚联赛的霸主地位，在欧洲赛场也打下不少经典胜仗，比如，在阿姆斯特丹击败阿贾克斯的比赛中，莫德里奇就是决定性的球员。

而在国家队，首次登场后不久他就成为几乎不可替换的首发，随着时间的推移，他不仅是场上重要的球员，更是更衣室的领袖之一。2008年欧洲杯上他的表现极为出彩，我们闯入八强，2012年欧洲杯他也同样抢眼，向全世界展现了顶级球员的实力。那届欧洲杯对阵最后捧杯的西班牙，莫德里奇在赛后获选全场最佳，而同场竞技的有哈维、伊涅斯塔、大卫·席尔瓦以及伊万·拉基蒂奇。

因此，在我们克罗地亚人看来，皇家马德里从托特纳姆热刺签下他是意料之中的事。适应球队和西甲联赛他花了几个月的时间，不过一旦站稳脚跟，高档次的表现立刻让他成为球迷的最爱。我很熟悉伯纳乌的球迷，知道他们欣赏世界级的球员，但也尤其看重球员是否为每一场胜利倾尽所有，是否为球队牺牲个人。莫德里奇为这支球队付出了一切，每次看台为他欢呼我都感到无比骄傲。

对所有的克罗地亚人而言，看着同胞在世界最好的俱乐部里扮演如此重要的角色，实在是一种绝妙的感受。

无论是在穆里尼奥、安切洛蒂、贝尼特斯还是齐达内麾下，莫德里奇都是他们阵中如此重要的一部分，单是这一点就足以证明他的价值。我知道跟随皇马夺得欧冠冠军是什么滋味，看着他在 2014 年的欧冠决赛中成为决定性的球员实在令人喜悦。要是没有他从角球点上完美的传中和拉莫斯随即的进球，“十冠”还只是一句空谈。

不过，在克罗地亚，当我们谈论卢卡 · 莫德里奇，我们谈论的不仅是足球。我们谈论的是一个好人，一个脚踏实地、谦卑善良的人。一个人变成巨星还能保有这些品质并不常见，由此可以看出他的为人。这也是克罗地亚的球迷——尤其是孩子们——如此热爱他的理由之一。

正如童年时代的莫德里奇有伟大的偶像，如今的克罗地亚孩子也在他身上找到了自己的偶像与榜样。

第一章

达尔马提亚天才

技术巨擘托尼·库科奇送出不可能的助攻，出球、接球的人皆大欢喜；伊万诺·巴里奇的手腕鬼使神差地向外一旋，手球场上前所未有的天才；布兰卡·维拉西奇背身跃过两米高的横杆；德拉岑·彼得洛维奇的赢家性格，欧洲赛场上投篮命中最不费气力的球员；戈兰·伊万尼舍维奇扬起球拍，没人接得下的发球划过天际；还有花样迭出的“多面手”兹沃尼米尔·博班，一踏上球场就能决定局势的智者。

上述种种精妙的技术、灵活的身体、灵动的头脑全都是在达尔马提亚锻造而成的，达尔马提亚恐怕是世界上每平方米运动天赋值最高的地区。达尔马提亚在行政上细分为四个区域（扎达尔、希贝尼克－克宁、斯普利特－达尔马提亚和杜布罗夫尼克－内雷特瓦），这个古罗马地区独享丰厚的地理和历史宝藏，山与海优美对照，既坐拥大段（绝大部分）亚得里亚海的海岸线，又背靠高耸的阿尔卑斯迪纳拉山脉，千百年来，达尔马提亚得天独厚的地理位置吸引了不计其数的文明在此驻足。而诞生于这一地区的冠军名单简直震撼人心，如果把它的边界再向克罗地亚北部延伸100公里，就几乎囊括了这个国家绝大多数顶级运动员。

正是在达尔马提亚，1985年9月9日，拉多伊卡和斯蒂普·莫德里奇夫妇迎来了他们的第一个孩子，也是三个孩子中唯一的男孩：卢卡。那时候，克罗地亚还属于约瑟普·布罗兹·铁托元帅打造的社会主义南斯拉夫，直到1992年1月15日，随着斯洛文尼亚和克罗地亚的独立，这个建于二战后的国家退出了历史舞台。

达尔马提亚独特的地理环境如今对游客极具吸引力，历史上却让其原住民的生存境况变得复杂。交替连绵的山脉、岛屿和礁石让这里的居民必须有高于平均水平的适应环境的能力，加上种族的混杂，历史长河中，在绝妙的遗传学作用下，这里逐渐演变发展成为现代欧洲最著名的体育天才摇篮。伊利里亚人、古希腊人、古罗马人、法兰克人、拜占庭人、奥斯曼土耳其人、威尼斯人、奥地利人……众多曾经在此居住的种族以及他们的后代让这里发展出无论克罗地亚国内国外都艳羡不已的基因谱系。余下的就是物竞天择的事了。

由于复杂的环境和恶劣的生存条件，历史上的达尔马提亚是克罗地亚发生移民流动最多的地区，而在20世纪，体育成了这里的人掌握自身命运的完美工具。大街小巷处处可见接近两米高的男人和远远超过1米8的女人。出路很明确，多年来为克服苦难而生的身体条件养育了篮球、手球和排球的辉煌。赢家配方，加入重要剂量的个性与渴望，就能达成生死攸关的目标，克服沿途的阻碍——无论是达尔马提亚地理意义上的坎坷抑或是人生中的艰险。

当然，还有足球。这项运动虽然对体格也有要求，但并非只有巨人、飞毛腿和大力士才能从事。正是在这项运动里，21世纪以来最出色的代表之一，不竭的天才源泉达尔马提亚的又一个孩子——卢卡·莫德里奇，以65公斤的体重和将将1米7的身高（在世界平均身高最高的地区之一，这确实不太常见）逐个打破和跨越所有成见与障碍，跻身现代足球历史上最伟大的中场球员行列。

确实不乏有人将这一切归于偶然，甚至，可能戏谑地提到什么秘传理论。但是毫无疑问，世界上能诞生这样级别天才的温床极为罕见，不仅是高水平运动员，而是各种体育项目——无论个人还是集体——的国际巨星。大海与高山在这里相会，亚得里亚海沿岸越来越被游客填满，阿尔卑斯迪纳拉山脉曾经在许多年里庇护着伊利里亚人不受罗马人的入侵，地理的融合加上种族的混杂，千百年来演变成完美的组合，以应对并不像现在这么简单轻松的生存条件，劳作的能力让异禀的天赋最终走上世界之巅。这片土地自古以来习惯抗争，无论是战火纷飞，还是绿茵场上，因而孕育出如此绝妙而令人仰慕的现象，地球上很少有地区能够拥有。用另一位篮球名宿、德拉岑的哥哥亚历山大·阿齐·彼得洛维奇的话说，达尔马提亚人是“为战争而生的壮士”，遇上战争则骁勇善战，和平年代如果天赋允许他们崭露头角，就会在运动场上成就伟业。

基因、气候、饮食、地理和精神力。有史以来最伟大的跳高选手之一布兰卡·维拉西奇揭示过达尔马提亚精神力中存在一个“X”因子，一个用其他语言难以准确传达的词：“在达尔马提亚我们管它叫‘dišpet’，很难翻译的一个词，指的是一种积极的固执，让我们总要努力比自己能做到的一切再更进一步。这个词总让我联想起戈兰·伊万尼舍维奇，他是球场上达尔马提亚风骨的最佳化身。”维拉西奇身上也展现出这种非比寻常的坚毅，全靠家人的支持和自身的努力从一无所有走到奥运亚军，毕竟她所成长的环境对跳高运动兴致寥寥，而尤为崇尚集体项目——两度问鼎世界冠军的她如是说：“所有的达尔马提亚孩子学走路的时候就会得到一个球，不管是什么球，当然大多数时候是个足球。”

所有这些元素共同构建出适于体育事业发展的系统，最终随着时间的推移让多种体育项目都结出不可思议的硕果。向年轻人灌输集体纪律性也完全符合彼时彼刻社会主义南斯拉夫的导向。欧洲篮球史上数一数二的传奇俱乐部斯普利特篮球队的大中锋扎恩·塔巴克曾经回忆起在当时的社会参与任何体育项目训练都是极为便利的："从小我就同时练习游泳、水球、帆船、排球和手球。没人会问你从哪儿来要到哪儿去，因为所有这些都是有政府补贴的。"14岁的时候，他参加的街区手球队解散了，一个表兄弟说服他去斯普利特篮球队试训，不世出的天分，加上只有最强大的心理才能幸存的准军事化、斯多葛式训练机制，才最终打造出那支为所有人铭记的队伍。可以说，这是纯粹的物竞天择，而且克罗地亚的训练理念也是绝对超前的。塔巴克说："后来我去意大利和美国打球的时候，他们所谓创新的技术和体能训练内容我15年前就已经在我的祖国练到了。正是这些在体育中的投入带来了结果。"

毫无疑问，达尔马提亚人极为有趣的基因融合体——钢铁般的意志，有拼劲的性格，惯于艰辛劳作，为生活做出牺牲——让这里成为一方孕育高水平运动员的真正热土。达尔马提亚最大的城市斯普利特曾经注视着库科奇、伊万尼舍维奇、维拉西奇、巴里奇和迪诺·拉德加出生长大；水球传奇佩里卡·布奇克和彼得洛维奇兄弟儿时走在希贝尼克的街巷之间梦想当上世界冠军；几乎半支克罗地亚水球队都来自阳光灿烂的杜布罗夫尼克；还有像安特·托米奇和马里奥·赫佐尼亚这样的篮球名将。不过小莫德里奇迈出足球生涯第一步的扎达尔尤其值得特别提及，这座仅有75000居民的城市走出过六位奥运奖牌得主，由第一位入主名人堂的欧洲球员克雷塞米尔·乔西奇领衔的篮球群英，还有乒乓球选手佐兰·普里莫拉茨以及手球界的伊万·宁舍维奇、瓦西奇、约瑟普和托西兄弟，都曾在职业生涯中塑造辉煌。

就这样，在浸透体育文化与艰辛生活的氛围里，卢卡·莫德里奇的人生开始于敌意重重的苦境，却已经准备好击垮一切阻挡他成为世界级球星的障碍（可不少）。在古老的达尔马提亚，又一个天赋异禀、性格坚毅的榜样披荆斩棘，开辟属于他的道路。

第二章

逃离纷飞战火

1991 年 12 月末的科洛瓦雷酒店是扎达尔城的神经中枢之一。这幢庞大的建筑，往日挤满希望饱览亚得里亚海岸风光的游客，此时收容了成千上万为了躲避塞尔维亚军方炮火以及可怕的塞族游击队而从克罗地亚各地逃来的难民。那场自“二战”以来欧洲经历过的最具毁灭性的冲突激战正酣。逃到酒店的熙攘人群中就有莫德里奇一家人：父亲斯蒂普，母亲拉多伊卡，年仅 6 岁的卢卡，还有尚在襁褓之中的贾斯敏娜。对家里的大儿子而言，科洛瓦雷酒店甚至算得上一个温馨的落脚之处，到处都是和他一样热衷踢球的孩子。而对他的父母而言，意味着又一段不安与恐惧的岁月开始了，他们知道要想恢复正常的生活，这个时期必须尽早过去，然而这一切说到底都由不得他们。

自从 1990 年 5 月民族主义者弗拉尼奥 · 图季曼赢得国家大

选以来，整个克罗地亚——尤其是达尔马提亚地区——完全变成了独立分子的沸锅。随着时间的推移，紧张局势不断激化，1991 年 5 月 1 日的劳动节庆祝最终成为冲突爆发的导火索。事件发生在一个以塞尔维亚族人为主的村庄博罗沃塞洛，当时 4 个克罗地亚警察因为试图取下一面南斯拉夫国旗而被塞族武装力量扣留。第二天，克罗地亚警方的解救行动中了对方的埋伏，最终导致 12 个克罗地亚人和 3 个塞尔维亚人死亡。图季曼当即宣布开战，引发了扎达尔等主要城市里的反塞暴乱，尤其是 1991 年 5 月 2 日克罗地亚版本的“碎玻璃之夜”，这座沿海古城里几乎所有的塞尔维亚人都不得不离开扎达尔。很快冲突蔓延到达尔马提亚的首府斯普利特。最直接的后果是南斯拉夫人民军介入并在克罗地亚的大部分领土上驻军，想要从毗邻希贝尼克、以塞尔维亚人为主的希贝尼克寻求“控制整个区域”——没有血流遍地是不可能实现的。坐镇指挥的是拉特科 · 姆拉迪奇将军，数年后他因在波黑导致 8000 名穆斯林丧命的斯雷布雷尼察大屠杀而被海牙国际法庭判刑。虽然军火走私让克罗地亚有足够的后勤资源应对从数月前就开始一触即发的冲突，南斯拉夫人民军也同样花费了数月时间没收克罗地亚的军备交给地方军。

不过，当国家无可避免地走向解体，南斯拉夫的各支运动队却连创辉煌。1987 年令人难忘，南斯拉夫足球和篮球青年队分别从智利和意大利带回世青赛的冠军奖杯。这两个赛事的胜利成为南斯拉夫俱乐部一统天下的前奏。1991 年贝尔格莱德红星队捧起欧洲足球冠军杯，阵中的克罗地亚人普罗辛内茨基发挥关键作用。而从1989年到1991年，纵观整个旧大陆没有哪家俱乐部能撼动斯普利特篮球队的霸主地位，这支球队以克罗地亚人为主，但也有数位来自南斯拉夫其他地区的球员。也是那几年，南斯拉夫国家篮球队于1989年和1991年连续两次问鼎欧洲，并在1990年荣膺世锦赛冠军。然而，就是在阿根廷，他们成为世界冠军的那一天，德拉岑·彼得洛维奇和弗拉德·迪瓦茨因为一句“你给我把那旗子拿走”而彻底分崩离析，而整个国家的命运也将要决绝地走向断裂。

也是在1990年，意大利之夏，“格子军团”踢出了一届伟大的世界杯，只在四分之一决赛最后时刻的点球大战中惜败给最后的亚军、由马拉多纳领衔的阿根廷。不过莫德里奇和整整一代克罗地亚人的偶像博班没有出现在意大利世界杯的赛场上。这位天赋出众的中场球员是战争爆发初期另一个特定事件的主人公。1990年5月13日，紧张局势不断升级的时候，萨格勒布迪纳摩在马克西米尔球场迎战贝尔格莱德红星，这场较量最终被永远地钉在了足球的黑暗历史簿上。当时克罗地亚民族主义情绪刚刚爆发，3000名红星队的球迷从贝尔格莱德来到萨格勒布，领头的正是臭名昭著的泽利科·拉兹纳托维奇（“阿尔坎”），当他们的政治口号传到看台上，整个球场都变成了随时可能爆炸的高压锅。不多时马克西米尔球场就变成了战场，各色武器横飞，持续了一个多小时，甚至连博班本人都踢了警察一脚。

博班的这个动作——一开始以为踢的是一个塞尔维亚警官，后来发现是一个波斯尼亚穆斯林人——让迪纳摩队的10号遭到禁赛，因此无法跟随国家队参加意大利世界杯，与此同时，也让他成为克罗地亚人眼中反抗塞尔维亚人的象征。球场又一次成了绝佳的社会学研究对象，预言了数月后在这个自1980年铁托去世后就开始破裂的国家将要发生的事情。

在所有这些赛场上的高光时刻和国家的政治紧张局面当中，莫德里奇一家过着平静的生活，没什么富贵之处，但是足够稳定安宁，扎顿奥布罗瓦茨是一个只有不到500人的小村庄，隶属奥布洛瓦克地区，比扎达尔更接近内陆40公里左右的地方，坐落于维莱比特山脉的山麓之间。拉多伊卡和斯蒂普在位于奥布洛瓦克一家名为"特里奥"的针织品加工厂做工，受漫长的工作时间所限，一天中大部分的时间他们的孩子只能在爷爷家度过。他的爷爷也叫卢卡，从扎顿奥布罗瓦茨往山上爬几百米，就到了爷爷住的莫德里奇村，统共没几户人家，村子的名字可能就是莫德里奇家族某个过去的亲人起的。"莫德里奇"这个姓氏也是这么来的。当时他家祖先在村子里搭了第一间房子，凑巧是后来所有建成的房子里距离扎顿最远的。在老莫德里奇家的房子背后，公路环抱群山，也不可能再建房子了。村子偏僻得很，进出不易，因而得了份格外的宁静。在那里，谦卑是唯一的选项，没有空间留给铺张炫耀或是自吹自擂。

然而，当塞尔维亚武装力量切断达尔马提亚与全国其余地区之间的通讯联系，这一行动彻底影响到莫德里奇一家所在的地区。维莱比特山区变成一块极具战略意义的孤地，既能隔断达尔马提亚与克罗地亚内陆的联系，又能防止与波斯尼亚的接触。从那时起，扎顿奥布罗瓦茨失去了平静。1991 年 9 月初，南斯拉夫人民军从希贝尼克打到奥布洛瓦克、贾塞尼斯和罗万尼斯卡，9 月 11 日抵达并炸毁了马斯伦尼卡大桥，这样一来，相当于扼住了扎达尔的咽喉，使它无法与里耶卡或萨格勒布取得联系。9 月 16 日，对扎达尔的总攻开始了，距离该城 100 公里左右的地区已经被人民军以及塞尔维亚民兵控制。小卢卡对这一切都还浑然不知，大山深处的他刚踢了最开始的几脚足球，而周遭的环境就算还没有持续的冲突发生，在这个偏僻陡峭又阴沉的小地方也出现了零零散散无组织的塞尔维亚武装力量，无时无刻不威胁着手无寸铁的村民，甚至只是单纯为了军事训练滥杀无辜。不少人家中被抢被盗，或是不得不举家远迁，完全没有明确的目的地，只是被迫而为。

到了 12 月中旬，这个地区的局面真正开始变得令人担忧。寒冷一如恐惧，来回鞭打着，从脸一直冻进骨子里。那些塞尔维亚民兵随心所欲、胡作非为。12 月 16 日，五个平民在贾塞尼斯遇害。仅在两天后，一起可怖的事件彻底改变了卢卡·莫德里奇的人生。那天深夜，一支塞尔维亚民兵队射杀了他的爷爷、在村子里守路护林的老卢卡，老人千疮百孔地倒在家门口几百米的地方。机枪扫射的动静传到家里，当斯蒂普发现自己的父亲浑身是血一动不动地躺在地上，他很清楚到了必须逃走的时候了。父亲的死他已无能为力，可他还有妻子、小卢卡和贾斯敏娜需要保护，形势所迫，已经不能再待下去了。

绝望的囚徒，余下的只有逃离。说来实在侥幸，要知道，12月20日，奥布洛瓦克、克鲁舍沃、贾塞尼斯、扎顿奥布罗瓦茨和梅德维达的许多克罗地亚人都被送往位于希贝尼克的监狱。其中大多数都是不便动迁而被迫留下的老人。第二天，在布鲁斯卡一小伙塞尔维亚民兵突袭了10个正在玩牌的人，将他们就地处决。很快老卢卡家的房子也被摧毁殆尽。如此糟糕的境况下，卢卡·莫德里奇踏上了人生中的第一次长途旅行。这次迁徙在他的性格中留下了永远的烙印，抛下家，抛下被丧心病狂的民兵队打得弹痕累累的最亲的爷爷。那个原本宁静的村庄，自20世纪90年代初期就布满地雷，直到2014年这片区域彻底清雷完毕，蔓延在路上的恐惧才得以消退，村庄重获安宁。

当莫德里奇一家像成千上万流离失所的人一样抵达扎达尔的时候，针对这座城市的轰炸已经持续了三个多月。10月和11月是最艰难的时候，到了12月末，密集炮火的威力也丝毫没有减弱。扎达尔端坐于亚得里亚海的入海口，特殊的地理位置让战场一路延伸到海上。从1991年9月到1992年1月，南斯拉夫和克罗地亚海军在逼近达尔马提亚海岸线的地方交战数次，从帕戈一路打到杜布罗夫尼克，尤其是科尔丘拉海峡之战期间的几周里，扎达尔无论陆上还是海上都完全被围城了。莫德里奇一家的处境看起来也没有特别的好转，毕竟扎达尔基本也是风暴中心。

尽管如此，虽然当时经济动荡，该地区的不少企业都因为冲突升级而宣告破产，斯蒂普和拉多伊卡还是很幸运地找到了工作，得以维持整个家庭的生计，战事当头，能躲过弹片、能有东西吃几乎是每天唯一的愿望了。搬到科洛瓦雷酒店后没多久，小卢卡的父亲就开始在距离扎达尔市中心 12 公里的泽姆尼克机场当航空技工。过了一段时间，拉多伊卡也用她当纺织女工的手工技术找到了工作。

年幼的卢卡倒是没有如此不安。他在科洛瓦雷的生活不算太坏。毕竟小孩子无论到哪里都能交到新朋友，比如另一家逃难到此的人家的孩子马尔克·奥什特里奇就成为莫德里奇一辈子的好朋友，还在将近 20 年后的萨格勒布给他当了伴郎。而且这个金发小鬼脚下总是盘着球晃来晃去，他自己是不太记得了，不过翻翻当时的照片，总能看见他跟球在一起。他甚至会抱着球睡觉，就像任何一个孩子对待自己心爱的玩具那样。

他和其他小朋友一起玩球，或者如果没有别人，就自己玩。街上的隆隆炮火他浑然不觉，又或许是还不完全理解轰炸声所代表的意义——他几乎是自然而然接受了这些动静，因为自从来到扎达尔，炮声就是周围环境的一部分。父母常常充满苦涩与焦虑的复杂交谈也离他很远，有好几个月时间，小卢卡一天大部分的时间都和其他孩子一起在科洛瓦雷酒店的停车场踢球，不止一块窗玻璃遭难。任何稍有足球素养的人很快就会注意到这个小个子身上有和其他追着球跑的孩子不一样的特质。没过多久，这座“篮球之城”里最大的足球俱乐部扎达尔的球队总监约瑟普·巴杰洛就收到了消息。

“停车场里有个成天踢球的孩子，你们必须来看看。”没过多久巴杰洛第一次见到卢卡·莫德里奇，认定自己看见了与众不同的瑰宝。就这样，来到扎达尔几个月后，在上公立学校的同时，7 岁的小卢卡也加入了扎达尔俱乐部的青训营。他个性腼腆内向，把自己层层叠叠包裹起来，只有最亲的人能随着时间的推移慢慢接近他的内心，与此同时，少年时代的卢卡也培养出了鲜明的性格和极高的自尊心。在他此后职业生涯里的上百次采访中，这种对自己的信心都多多少少有所体现。在科洛瓦雷酒店，虽然看上去没有受到家庭苦难的影响，和小朋友以及足球在一起非常开心，但卢卡·莫德里奇的童年记事簿和其他成为顶级运动员的孩子都是完全不同的。对他而言，无论足球还是人生都险境重重、布满地雷，这样的重担让他养成了不易相信他人、凡事都要自己控制才安心的性格。2005 年他搬到在马德里租下的房子的时候，完全没有办法像其他拥有无限选择的球员那样丢下不管交给别人，而是明确拒绝让搬家公司经手他的个人物品，并告诉俱乐部说“我自己的东西我自己来搬”。年幼时不得已抛下一切逃离塞尔维亚民兵袭击的经历永久地决定了他人生路上的行为模式。

所有这些经历让家庭成为莫德里奇人生发展中最紧密的部分。他曾经承认自己会很乐意有一个兄弟，不过作为长子，他必须承担起相应的责任。两个妹妹贾斯敏娜和迪奥拉以及父母斯蒂普和拉多伊卡让他在扎达尔的岁月充满活力。还有他父亲的双胞胎兄弟哲里克叔叔，当小卢卡的足球天赋真的开始显现的时候，这个叔叔起到了重要的作用。莫德里奇一家夏天总是一起度假，就在亚得里亚海岸，靠近家的地方，最让他们感觉幸福。他们不需要多么奢侈的消费，因为都知道任何物质的东西都可能瞬间消失，迅速被抛在身后。在托特纳姆热刺效力的第一年，卢卡在接受《卫报》采访时谈到自己人生中的优先级以及家庭在他日常生活中的重要意义时说："对我而言最重要的是我和家人都健健康康的。从小父母就教育我去做一个谦卑的人，不要显摆自夸，而是要去珍惜拥有的东西和取得的成就。不过我相信我自己，这对人生是很重要的，不仅是对运动生涯。"而这一切都开始于 20 世纪 90 年代初扎达尔城的那间酒店，里面挤满了逃离冲突与流血的难民。

1992 年初，对扎达尔的围城开始有所松动，但直到次年克罗地亚军队重新修复了马斯伦尼卡大桥，才彻底解除围困。塞尔维亚方面多次尝试夺取这块战略重地未果，甚至连"阿尔坎"都参与到行动中，但是所有的努力都没有如愿。克罗地亚式的固执，所谓的"dišpet"的劲头又一次彰显无遗。不说别的，当时在克罗地亚军人中间流传着这样一个说法："宁当俘虏不交博比哈。”博比哈指的是大戈里察山上的小博比哈山尖，过了马斯伦尼卡大桥的第一处要地。

在国际体育舞台上，1992 年对那些遭受战乱打击的运动员而言是意义重大的一年。全世界对巴尔干地区持续上演的屠杀与千万人的流亡并未采取实质性的行动，5 月 31 日，因联合国安理会发起了对南斯拉夫的制裁，南斯拉夫国家队在瑞典欧洲杯开幕前 10 天被剥夺参赛资格。巴塞罗那奥运会上，该国运动员只能手举奥林匹克赛会旗帜参赛，而克罗地亚、斯洛文尼亚和波斯尼亚首次以独立国家出战。从此，一代令人难忘的克罗地亚足球队诞生了。他们成功晋级 1996 年欧洲杯决赛圈，并在 1998 年世界杯上取得季军的佳绩。这对整个国家，尤其是经历了 20 世纪 90 年代初一夜之间的国籍剧变、几乎还无法理解这一切的孩子们而言无疑是伟大的榜样。

也是在 1992 年，对周围发生的一切并未多想，卢卡·莫德里奇第一次接触到有指导的系统足球训练。在他的第一位教练达沃·马托舍维奇眼中，那时候的卢卡小个头、瘦瘦弱弱的，也很胆小，技术能力倒是在同龄孩子里实属罕见。不过谁都没法保证他能踏上成为国际巨星的道路。事实上，可能只有一个人——出身足球世家，眼光独到——从第一刻起就相信自己在这个小小的孩子身上看见了孕育伟大的可能。当托米拉斯夫·巴什奇出现在莫德里奇的人生道路上，一切都开始改变。

第三章

榴弹雨下训练

托米拉斯夫·巴什奇看起来就是个睿智的人，让人觉得应当把他说的每个字都听进去。1937 年，他出生在位于扎达尔西北方的维尔岛，一生都是扎达尔城的知名人物：高水平运动员、足球国家队成员、顶级教练，上了年纪以后还成了厉害的滚球游戏选手，他总是以这样或那样的方式参与到家乡的社会、文化和政治生活中。在扎达尔遭到围城的那几年艰难岁月里，他是扎达尔足球俱乐部青训营的主要负责人，他的理念是接纳所有对踢球感兴趣的孩子，好让他们远离街头的恶劣环境，这一行为帮助不计其数的孩子躲开了那座城市遭受的苦难所引发的诸多问题。从 1991 年底到 1993 年，在密集炮火的轰炸之下，扎达尔有 200 多天没有正常的水电供应，街上的运水车和发电机成为无法回避的残忍战时景观，当地人再难忘记那些机器持续的轰鸣。这座城市曾经如此美丽，没多久之前还是红十字会协调国际援助事宜的驻扎地，而此时，许多扎达尔的老人都不住地想起 1943 年被纳粹德国占领、随后遭到盟军袭击的往事。

不过，毫无疑问，斯蒂普·莫德里奇是小卢卡的足球梦最大的支持者，他自己甚至也可以说是个过得去的球员，以前在波萨达赫和奥布洛瓦克俱乐部训练过，如今在泽姆尼克机场也常和工友们踢几脚玩。正是出于这样的历史联结，斯蒂普希望儿子不仅是在酒店停车场玩球，而是能真正踢出名堂。小卢卡当然满心欢喜地接受了父亲的想法，而托米拉斯夫·巴什奇通过足球让孩子们安全躲避战火的理念使得随后的事都顺理成章。

就这样，在那个彼时生存环境恶劣的城市里，生长于大山怀抱的少年与足球的故事展开新的篇章，少年从此再也没有离开他的足球。在学校里，卢卡是个成绩平平的学生，母亲给他施加的读书压力似乎没有收到预期的效果，不过他良好的教养总是十分抢眼。多年以后，莫德里奇坦言如果没有当球员，他可能就去当餐馆服务生了，“感谢上帝让我选择了足球”。从这句话里也看得出他的天主教信仰，每餐饭前他都会在胸前画十字感恩桌上的食物，毕竟他经历过缺衣少食的岁月。

自从人生的开场哨吹响，卢卡对足球的痴迷从未消退，哪怕这条路布满荆棘。世事艰难，他的第一双护腿板是父亲用木板手工制作的，虽然球员本人从未公开认可过这一说法，但是托米拉斯夫·巴什奇确实承认自己直到晚年都保存着那双护腿板，当时他就坚信扎达尔青训营里这个出色的小伙子会有大成就。卢卡只透露过他曾经有一双印着大罗纳尔多照片的护腿板，使用许多年后捐赠了出去。只是看起来命运对他要更残酷一些。

斯蒂普对卢卡能好好练球的愿望胜过了任何经济上的难题，不过经济并不是卢卡成长过程中唯一的困难。扎达尔足球俱乐部的训练是在位于安特巴尼纳军营里的综合体育中心展开的，那里原本是南斯拉夫人民军在这座城市里建立的众多军营之一，塞尔维亚军队撤退到郊区继续围城之后，克罗地亚军队占领了城里大部分的军营和情报大楼。就这样，经常能看见青训营的孩子们在军队旁边训练，有时候如果军人要用田径场进行某些特种训练，孩子们就到旁边的街上去训练。不过，这些后勤条件的不便都不是最重要的，在军队演习场踢球最大的危险显而易见：军营是塞尔维亚军方实施轰炸的主要目标，不管这些战略目标旁边是不是还有一百来个孩子欢声笑语地追着球跑来跑去。

那些日子，父母和教练对训练的兴趣甚至超过了确保幸存本身，但这恰恰是为了让孩子们远离堪忧的日常局势、继续做美好伟大的梦。因此，他们把每次轰炸都设计成一场游戏。当炸弹从天而降，警报大作，就意味着赛跑比赛开始，谁先冲进防空洞谁就是冠军。大人们尽力想以此减轻这些稍有不慎就可能变成屠杀的创伤经验给孩子们带来的伤害。有一段时间这项特殊的娱乐活动变得过于频繁，据亲历者回忆，那个时期每天从凌晨开始就陆续有几百枚榴弹落在扎达尔，多的时候甚至达到上千枚。

当初的安特巴尼纳军营如今是一个远离老城中心的安静街区，名叫威斯尼克，意思是“樱桃园”，因为这里种满了樱桃树，果实通常用来酿制苦味樱桃甜酒——扎达尔地区的一种樱桃烈酒特产。当年的体育中心战后因缺乏投资而毁败失修，但是依旧继续接纳着这个地区有天赋的年轻人。几米开外，就是宏伟的克雷西米尔·乔西奇堂，充满现代气息，用以纪念扎达尔最偏爱的孩子。不过，如果来访者细细察看，还是不难在这间体育中心发现遭受塞尔维亚轰炸的残迹。

那是继 50 年前纳粹德国的占领之后这座城市最艰难痛苦的时刻。持续不停的防空警报迫使很多人踏上逃亡之路，不仅有生活在扎达尔的塞族人，还有在其他更安全的内陆地区或者国外有家人的克罗地亚人，以至于克罗地亚人开始管扎达尔叫“逃离之城”，与此同时，又有成千上万来自周围城镇以及波黑的难民涌入扎达尔（总计约有 25000 人），他们都被安置在像科洛瓦雷这样的酒店，以及其他此前被南斯拉夫人民军使用的大楼里。

渐渐地，正如躲避致命的弹片雨变成孩子们的游戏一样，整座城市开始接受乃至习惯这种局面。最初的恐惧过去之后，炮火打击几乎成了每天的日课，人们对街上的各种机械化部队以及种种限制也都习以为常。战乱当中，大人们继续上班，孩子们继续上午念书，下午训练，各种社会活动乃至体育赛事也照常举行。轰炸过后的早晨，人们把大街清扫完毕，仿佛什么都没发生。当地记者布兰科·塔巴克如此描述当时的戏剧化场面："我们不停遭到轰炸，每天都是炮火连天，没有水没有电。那些塞尔维亚人可不费心选择目标，医院的儿科、小学、教堂、公交汽车站、私人住宅，随便哪里都可能被炸。但是我们得继续生活下去，所以学校、幼儿园和商店继续开门。没什么理由关着，因为所有人都觉得反正我们随时随地可能死去，在街上踢球的时候、上课的时候、在自己家里……"

直到 1993 年初，人们都在努力假装一切如常。此时克罗地亚军队终于修复了马斯伦尼卡大桥，扎达尔的局面立刻好转，不过克罗地亚其他地区仍然在激战当中，直到 1995 年 8 月的"暴风行动"，克罗地亚军队才完全控制整个国家。

就这样，正当扎达尔逐渐开始恢复昔日的生活，莫德里奇一家必须做出一个事关儿子未来的重大决定。他们已经离开科洛瓦雷搬到了更小的伊兹酒店（如今已经废弃了），没有什么基本设施，聚集着不少流浪汉和无家可归的人。与科洛瓦雷酒店不同，伊兹酒店的目标顾客不针对海滩游客，因而离海岸线比较远，好处是离小卢卡念书的学校更近，距离扎达尔足球俱乐部的训练基地更是只用走几分钟就到了。所以，虽然新的住处没什么舒适可言，房间也很小，但莫德里奇家的大儿子继续过着相对快乐的生活。每天一放学，足球就是他的全部，要么去球队训练，要么自己练球或者和朋友们一起踢。如果他的父母想要找他，总是可以很容易知道他在哪。年少时代的卢卡在生活中是个非常谨慎的人，惹过的所有麻烦都和足球有关。和当年认识他的人交谈总会听到同样的描述："现在的孩子每天待在家里，对着小桌子看电视或者刷社交网络。卢卡全家个子都不高，但是他有一双非常强壮的腿，全是肌肉，跟他父亲一样。这不是偶然。他每天都在街上练球，对着墙练习，在广场上踢，或者就是跑步。"小卢卡一路追寻着心中的梦想，至少在托米拉斯夫·巴什奇眼中，他已经是扎达尔青训营里最有价值的球员之一，而巴什奇始终追踪着他任何的进步细节。从 1993 年到 1995 年间，卢卡·莫德里奇的教练是曾经效力扎达尔队和帕西赞队的米奥格德拉戈·包诺维奇，他已经开始有机会去意大利踢一些国际赛事了。

因此，等到"暴风行动"之后，大多数难民都回到各自的家乡，斯蒂普和拉多伊卡打出了最冒险的那张牌：留在扎达尔好让卢卡在足球上继续发展。和儿子的笑脸相比，回不了家乡扎顿奥布罗瓦茨也不算什么，只要卢卡能继续真正快乐的生活就好。于是，莫德里奇一家又在伊兹酒店住了几年。在纯粹的体育方面，托米拉斯夫·巴什奇也做了一个重要决定：让自己的儿子多马戈·巴什奇来担任教练，执掌耀眼的 1984—1985 年一代。多马戈自己的职业生涯因为沾染了毒品而破灭，但是在彻底戒毒之后，他成为俱乐部里最重要的教练之一。

新的阶段意味着要将这一代所有的年轻才俊团结起来。多马戈·巴什奇和这群天赋异禀的年轻人完美契合。后来莫德里奇将他视为“我有过的最好的教练，是真正爱我的人”。想必是得到父亲的提点，多马戈眼中的小卢卡是一块钻石原石，需要帮助他成长，尤其是要长高。

因为当时身高的问题已经变成一种执念。在扎达尔足球俱乐部那一届著名的青训队里，卢卡比所有其他球员都要明显矮小很多。“他大概比大家矮 15 厘米的样子”，洛夫雷·乌林回忆道，这位左边锋虽然后来踢上了职业足球，甚至入选过国家队，但终是饱受伤病所困，没能有更大发展。那时候，小卢卡固执地一门心思只想长高，基地的人都记得那个训练结束以后还要加练好一段时间倒立的莫德里奇，这是来自巴什奇父子的建议。当路过的人或者队友的父母问他为什么要倒立的时候，他总是回答：“因为我个子太小了，我得长高。”

渐渐地，对于小卢卡的足球生涯计划，需要把眼光放得更远一点了，因为扎达尔俱乐部的实力已不再足够。达尔马提亚地区每年会举行两次大型试训营，只是报名并不容易，因为那个时候大约相当于 250 欧的注册费对于还住在简陋旅店里的一家人而言不是小数额。小卢卡参加过三次这样的试训，其中有一次家里实在付不出注册费，全靠哲里克叔叔资助才得以成行。“爸爸总是找到办法让我踢成球”，后来莫德里奇总是骄傲地这样回忆道，他很清楚这条通往世界球星的路道阻且长。

卢卡·莫德里奇的性格无疑都是在 20 世纪 90 年代战争期

间和战争刚结束的这段时期塑造而成的，谦卑，注重家庭（他说过自己每天都会和父母通话，无论远近），腼腆内向，但是同时又有经受过炮火考验的自信。洛夫雷·乌林记忆中的少年莫德里奇是一个“非常成熟”的孩子，“比我们其他人都更成熟”。艰难岁月的锻造让他可以坦然面对横亘于自己和目标的任何阻碍。2011年5月，他在接受《每日邮报》的采访时说：“我们克罗地亚人经历过苦难和战争，变得更加坚强，更加刚硬。我们有过艰难的过去，我们不会轻易被击垮，我们有决心和信念证明我们可以取得胜利。”事实上，虽然时隔多年卢卡给出的是这个酝酿总结过的回答，但他年少时一起踢球的伙伴们都知道他的坚毅远比“dišpet”这个词所代表的达尔马提亚式固执更甚。

莫德里奇身上有很多小细节都能追溯回少年时代。比如他热爱克罗地亚音乐，这是他在家休息时候的最爱，他格外喜欢克拉帕因特拉德乐队和歌手戈多维奇。正是后者的一首歌深深印在那一代扎达尔青年军的心里，一如许多其他的达尔马提亚人。这首名为《并非一切都是金钱》的歌讲述了一个水手思念他远在达尔马提亚的母亲——“如金子般闪光”。这是一首在扎达尔家喻户晓的合唱歌谣，扎达尔足球俱乐部那群做着踢球梦的孩子也都千百次唱过这首歌。时至今日，卢卡·莫德里奇心底依旧念诵着那首歌的歌词，渴望着下一次回到达尔马提亚——他只要一有机会就会回去——与亲人旧友重聚，那片在尚不遥远的过去被人类的分歧摧毁的地方，他心之所属的故土。

第四章

巨大的挫折

直到 2014 年 2 月托米拉斯夫 · 巴什奇与世长辞，莫德里奇一家始终对他心怀敬意，但是人与人之间无论多么亲近的关系，都可能在某件事上产生分歧。当时，刚满 10 岁的卢卡 · 莫德里奇和马里奥 · 格古洛维奇是扎达尔青训营里的两颗明珠。在意大利举办的一项国际杯赛期间，他们未经俱乐部许可前往斯普利特海杜克俱乐部试训。扎达尔俱乐部已经开始承不住这两个孩子的天赋了。决定很明确：下一站，斯普利特海杜克。斯普利特海杜克与萨格勒布迪纳摩并称克罗地亚足球两巨头，加上如今属于塞尔维亚的贝尔格莱德红星和贝尔格莱德游击，他们是南斯拉夫最伟大的四家俱乐部。几乎所有的达尔马提亚孩子从刚一开始踢球就梦想着有一天可以为海杜克队效力。那个时代正是海杜克的辉煌岁月，他们在 1994—1995 赛季的欧洲冠军杯中创下佳绩挺进八强，才被本赛季冠军——范加尔率领的拥有西多夫兄弟、克鲁伊维特、卡努、利特马宁和德博尔兄弟的阿贾克斯淘汰。

而且，海杜克可谓克罗地亚民族情感的象征。自1911年球队成立时队徽就是经典的红白棋盘格，1945年起被要求用一颗五角星盖住棋盘格，以此代表团结的南斯拉夫。受邀参加试训、身披海杜克的球衣是莫大的光荣，莫德里奇一家并不打算让自己的儿子错过。

小卢卡面对的是在斯普利特海杜克青训营为期两周的冒险，他像任何一个孩子那样充满无限憧憬，但也感受到生活带来的与自己年龄不相称的巨大压力。这是所有达尔马提亚孩子最热爱的球队，是梦想，甚至可以说是信仰。他终于有可能开始报答全家人为他付出的巨大努力。然而这次挑战却没有成功。那时他还是个尚未发育成熟的毛头小子，因为个子太小而遭到偏见（绝对是刻板印象），身体方面的欠缺遮蔽了他惊人的脚下技术和场上视野。在这家强势俱乐部对他的评估中，反复出现了负责人第一眼看见他时产生的质疑，要知道，他当时几乎还没开始发育。最终，他们断定“他的腿太短了”，浑然不知数年后这个孩子会因此爆发出怎样巨大的能量和潜力。结论斩钉截铁：因为明显的身体条件劣势，海杜克不予接收（他够不上海杜克）。卢卡的父亲个子也不高，提供不了有利的人体测量学数据支持，因此俱乐部没有理由相信将来这一劣势会有所改变。接下来的几周里，海杜克的裁决在少年莫德里奇的脑海里挥之不去，甚至可以说，时至今日他也没有完全释怀。

打击是巨大的。小卢卡耷拉着脑袋回到扎达尔，自尊心受挫地出现在托米拉斯夫·巴什奇面前，麻烦来了。“要是你够不上海杜克，那你也够不上扎达尔。停训一周。”毫不留情的一剑。不苟言笑的巴什奇是个聪明人，他其实有自己的打算。没人知道这样超前的理念从何而来，总之他罚了卢卡停训三个月，斯蒂普对这种态度气愤不已，但是老教练坚信暂停训练可以让小卢卡长高几厘米。这个方法奏效了。当时这个做法纯属玄妙，没有任何科学研究和文献的支持，直到数十年后才有相关论文问世。

虽然个子长了，但少年卢卡还是反反复复想着自己将将开始的体育生涯里的这次最大挫折。各种自我质疑纷至沓来，可以想见，一个半大的孩子被这样拒绝必然是恼怒不堪的，最崩溃的时候，他甚至想过放弃足球的可能。

不过，永远陪伴他的对足球运动的热爱终究战胜了一切，在扎达尔足球俱乐部，他重新开始享受踢球的乐趣了，他和队友们共同组成了永远为当地人所铭记的1984—1985一代，大家都说那是扎达尔有过的最好的一支青年军。队友记忆里的莫德里奇是个与众不同的球员，强大的运球，罕见的直塞功力，无所畏惧，虽然看上去瘦瘦小小的，却天生带有压制性的自信心。队伍的飞速成长让球队经理开始组织他们参加各种杯赛，不仅有在扎达尔和克罗地亚境内的赛事，还去了意大利和法国。用洛夫雷·乌林的话说：“只要看过我们踢球的人，立刻就会爱上卢卡。大家都说他是下一个博班。不管我们得不得冠军，他总是赛事最佳球员。”正是在1998年夏天，卢卡的这位偶像在法国世界杯上大放异彩，率领克罗地亚夺得季军。卢卡和家人挤在伊兹酒店狭小的房间里，为“格子军团”呐喊助威，振奋不已，也仿佛看见了自己的未来。

战争已经过去了，克罗地亚成为国际体育舞台上的榜样，但是艰难的生活还在继续。球队出国参加比赛的时候，许多父母都会陪同前往，但是莫德里奇夫妇很少去。有一届赛事期间，小卢卡因为过于想念父母，非常难过，完全踢不出最好的水平，另一个扎达尔希望之星赫尔沃耶·库斯蒂奇的父亲送了他一件大罗纳尔多的球衣——巴西人也是莫德里奇的偶像。当时去看球的人都记得收到球衣以后那个金发孩子又恢复了最好的状态。这段轶事却有一个悲伤的结局。2008年，在一场扎达尔与西巴利亚的比赛中，库斯蒂奇抢球时头部狠狠撞上场边的广告牌，当即不省人事，噩梦一般的场景，五天后重伤不治去世。这不是那一代扎达尔青年军中唯一的悲剧，1999年他们已经经历过一次重大打击，出人意料的新闻传来：34岁的多马戈·巴什奇突然死亡（原本已经戒毒的他又开始复吸）。对俱乐部里的所有人而言，这无异于一枚巨型炸弹。托米拉斯夫·巴什奇再也没有回到球场边执教，不少球员都在2000年夏天离开了球队，寻求更好的机会。莫德里奇是那支队伍里年龄最小的球员之一，他的出走还要再等一年。

虽然托米拉斯夫在儿子死后彻底放下了教鞭，但是这并没有妨碍他继续照看他的孩子们，这也是支撑他度过人生难关的理由。正是他无所畏惧的支持陪伴卢卡度过艰难岁月，一天天成长起来，莫德里奇一直视他为自己足球上的父亲（虽然有时候有点啰嗦麻烦），总是愿意听一听他的建议，哪怕有时候老人也很难缠。据说有一次，快30岁的莫德里奇在扎达尔的一间比萨饼店和朋友吃饭，就听见巴什奇在他耳边念叨健康食谱:“点鸡肉，卢卡，点鸡肉。”当然了，卢卡听了他的话。

在那个痛苦的1999年，巴什奇为自家小球星的未来做了一个重大决定，让卢卡开始在罗伯特·波图纳克的指导下进行针对性训练。后来成为萨格勒布大学运动学系一员的波图纳克记得，那个孩子对足球的理解非同寻常，“仿佛浑然天成，在那个年龄他的天赋太耀眼了，哪怕是没有受过训练的旁观者也能看出来。所以我们主要是从技术动作层面对他加以训练，技术方面总是可以有提升空间的。”如今说起莫德里奇，波图纳克难掩骄傲，“他就像一块海绵，一刻不停地吸收和学习所有。”

2001年夏天，卢卡初中毕业了，托米拉斯夫·巴什奇明确坚定地认为已经没有回头的可能，是时候让他迈出成为职业球员的关键一步了。他重新参加了斯普利特海杜克的试训，这一次海杜克依旧兴趣寥寥，对同去的格古洛维奇也只是表示留待远程关注。于是巴什奇下决心做了一件违背达尔马提亚人天性的事：把自己的两个天才少年推荐给萨格勒布迪纳摩队。要知道，对达尔马提亚人来说，他们只在国家队比赛期间才和萨格勒布迪纳摩的球迷有共同语言。但是对巴什奇而言，海杜克行不通，就试试它的死敌球队，只要这两个孩子的天赋能有施展的空间。而且，恐怕没有比曾经走出过博班和普罗辛内茨基的俱乐部更适合培养中场球员的地方了。

就这样，莫德里奇第一次见到了两个与他此后的发展轨迹息息相关的人物：迪纳摩队的体育总监隆卡勒维奇和青训负责人（后来成为二队教练的）罗密欧·约扎卡。约扎卡清楚地记得那次会面，天赋终于盖过了身体条件的劣势："当时那一届生于1985、1986年的球员组成了非常高水平的队伍，卢卡在里面不算是特别突出的。他看起来年龄很小，没怎么发育，也很瘦。但是他身上有一些我们特别想要的东西。他训练起来总是投入忘我，有想要提高自己的强烈欲望，当球队在场上出问题的时候，他是那个如果你想平安渡过难关就把球传给他的人。"总是留着标志性胡须的著名老牌教练隆卡勒维奇也表达了类似的意思，时隔多年回头来看，他很真诚地说："要是任何人说当时就立刻看出他会成为世界级球星，那一定是骗人的，他那时候的身体条件不可能让人预言出这样的未来。但可以百分之百确定的是，他的品性和他独一无二的足球智慧指明了这种可能性。"

两人都在这个扎达尔少年身上看见了那个后来在托特纳姆

热刺、克罗地亚国家队和皇家马德里最稳定保险的球员。“他从来不随便丢球，他对球有很强的占有欲，他可不是个娃娃，有他在就有最大的安全感。”约扎卡如是说。虽然对这个 15 岁男孩身体发育方面的质疑始终存在，而且他还很瘦，但是约扎卡在他身上看见了只有莫德里奇具有的特点，这些特点最终说服了这家首都俱乐部：“他身上有一些特别美妙的东西，他踢起球来极具进攻性，十分积极强势，控球的时候格外笃定稳当，而且阅读比赛能力非常强。”托米拉斯夫·巴什奇终于如愿以偿地看到自己瘦小的弟子凭借天赋和心性在克罗地亚足坛闯出一条路来。

那年夏天的试训彻底改变了卢卡·莫德里奇和马里奥·格古洛维奇的人生。12 岁的格古洛维奇已经能用左脚送出精准的 70 米长传，也能用远射击中任何没来得及躲开的人。两个少年的才华当然没有逃过兹德拉夫科·马米奇的眼睛。马米奇是克罗地亚足坛最有权势的大佬，也是萨格勒布迪纳摩俱乐部首屈一指的人物。1959 年，马米奇出生于距离萨格勒布 85 公里的别洛瓦尔，年轻的时候就意识到自己在足球界的未来是在场边。十几岁的时候马米奇就开始在比赛日的时候去马克西米尔球场附近兜售泡沫橡胶坐垫。20 世纪 90 年代他已经跻身全国最富有的人物行列。他的儿子马里奥是克罗地亚最重要的体育经纪人之一。那个夏天，托米拉斯夫·巴什奇用一通电话让马米奇父子知道了莫德里奇和格古洛维奇。两人的经纪公司毫不犹豫地签下了他们，以培养费的名义付给扎达尔足球俱乐部大约6000欧元作为经济补偿，为此时任扎达尔俱乐部秘书长的约瑟普·巴杰洛大发雷霆，他本想让球队的青年才俊再多留一个赛季，毕竟一年后俱乐部能收获的补偿金会高得多。

马米奇是个复杂的家伙，2000年他首次进入俱乐部高层任职，2003年升任执行副主席，从此一手将萨格勒布迪纳摩打造成克罗地亚的足坛霸主。但是球队的辉煌战绩并不能为他的独断专行开脱。他与媒体的口角臭名昭著，有时甚至上升到人身攻击和威胁的地步，尤其是当媒体针对他在俱乐部担任要职和儿子的经纪人活动之间的利益冲突对他施压的时候。虽然他的儿子宣称已被迫停止经纪人代理工作，但对于他仍然在暗中继续营业多年的指责从未停歇。

回到2001年，马米奇的经纪公司签下了莫德里奇和格古洛维奇。合同里约定，马米奇的公司负责运作管理他们的职业生涯，作为佣金，两人承诺将职业收入的20%付给马米奇父子。如果他们最后能成为顶级球员，这一条款意味着极为丰厚的回报。这就解释了为什么兹德拉夫科·马米奇和他代理的许多球员最终都不欢而散，比如爱德华多·达·席尔瓦。

格古洛维奇此后的进展并不顺利。虽然由马米奇的经纪公司代理，他最终被海杜克俱乐部签下。但是他的职业生涯并没有什么发展，到了2005年，克罗地亚足坛已经不再满怀期待地视他为希望之星。从那时起，他的状态开始大幅滑坡，进入斯普利特海杜克一线队的梦想化为泡影，合同一到期，他与马米奇公司的合约让他得以转会迪纳摩，但是在萨格勒布他也没有得到出场机会。后来，格古洛维奇辗转第二级别联赛的球队有了不错的职业履历，却始终没能达到年少时所有人对他的期望，刚满 30 岁即宣布挂靴，离开了职业足坛。马里奥·马米奇代理过无数这样最终没能成为大单生意的球员。当然，卢卡·莫德里奇是完全另一个故事了。

或许是因为童年的经历，或许是因为海杜克的拒绝，又或者是因为强大的精神力使然，莫德里奇后来取得的所有成就都是他一天一天努力挣来的。他在迪纳摩青训营的队友马尔克·辛德里奇如今提起他依然赞叹不已："他是我认识的最勤奋的人，我从来没见过哪个人十几岁就能有那样的工作态度和精神。格古洛维奇是个非常厉害的球员，但是他的个性是个问题。卢卡则少年老成，当时就像 25 岁的人一样成熟。每场比赛之后我们大家都会去酒吧玩，他可能一个月最多出来一次。他配得上他职业生涯所企及的一切。"在青年队，莫德里奇对提高自已有一种堪称强迫症般的执念。"我们在迪纳摩的时候，有一次赛季结束后，他邀请我去他扎达尔的家里过 10 天暑假。在那里的第一天清晨，卢卡一大早把我叫起来去训练，他想跑一个小时步。我嘟嘟囔囔不情不愿地跟着去了。第二天清早同一个时间，他又来了，我跟他说他不是个正常人，让他放过我，我想好好度个假。晚上也是这样。我每天晚上都想去扎达尔街上逛逛，结果最后都变成了我和他的朋友们一起去酒吧，因为他只有一天晚上是愿意去的。他有自己的生活节奏和方式，没人能改变他。他当时就活得像比我们大 10 岁的人。”

很快，迪纳摩队就开始对这个来自亚得里亚海岸的年轻人尤为重视。在梯队训练中，他又和罗伯特·波图纳克重聚了，这对身在异乡的莫德里奇而言是重要的帮助。每天下午莫德里奇都去接受酒店服务业的职业教育培训，最后还取得了毕业证书，虽然他的母亲一直希望他能去念大学。那个时期对如此重视家庭的卢卡而言非常艰难，抛下还在蹒跚学步的小妹妹迪奥拉，从海边搬到内陆，来到克罗地亚最繁华的大都市，生活在萨格勒布的 80 万人，几乎没有他熟悉的面孔。他也曾经回忆说自己在这座充满太多诱惑的城市里度过的最初 20 天十分敏感微妙。迪纳摩俱乐部为外地的小球员准备了临时的房间，他们在那里生活了几周，然后就和青训营队友一起搬到靠近马克西米尔球场的公寓里。在马尔克·辛德里奇的记忆里，莫德里奇刚到迪纳摩的那段日子，无论是球场上还是生活中都不容易：“他在扎达尔的时候我们就认识他了。我们去和他们队踢比赛，所有人都在谈论那个瘦瘦小小的孩子，一眼就能看出他很会踢球，技术特别好。但是他在迪纳摩最开始的半年并没有展现出我们所有人期待的样子。他当时就像是有点断线了。”家人不在身边，而且在扎达尔他和格古洛维奇一直是全队最优秀的球员，忽然置身于全国踢球最好的同龄人当中，用罗密欧·约扎卡的话说，那支堪称黄金一代的青年队里，“所有球员都是真的非常优异”，这在刚开始对他而言是不利的。

尽管如此，他还是有激动人心的闪光瞬间，一点一滴显露出来。辛德里奇回忆道：“我们都看到他训练的时候完全知道要做什么、该怎样踢，但是一到比赛中，他就不是我们在扎达尔还有各种杯赛上认识的那个卢卡了。他有点保守，不太主动发起进攻和做决定。对他来说那段日子是艰难的。每当他展现出本来的实力踢出美轮美奂的好球都令人着迷，但是最开始那半年的比赛中他很少能做到。他只是请我们耐心，同时全时间段投入，专心训练。”辛德里奇也没有讳言莫德里奇曾经因为来自的地区在迪纳摩队内被捉弄：“他来自达尔马提亚，我们都知道他就像所有达尔马提亚人一样是海杜克的球迷。当然，更衣室里为此开过他的玩笑。”

对这个同时经历着各种情绪的少年人而言，罗伯特·波图纳克至关重要，是他在首都最像家人的存在：“要适应萨格勒布这样的大城市并不容易，他父亲经常给我打电话让我照看他的儿子，如果发生任何事就给他打电话。”波图纳克一直认真照看着卢卡，无论是在艰苦的单人训练中，还是在球场外的生活里，他都是莫德里奇完美的盟友，终其一生他都与莫德里奇一家保持着深厚的友情，卢卡和他的家人始终对他在那段关键岁月里的帮助心怀感激。

在克服了最初的质疑和压力之后，这个萨格勒布新人的足球成长像巡航舰一般全速前进。在一小群精心挑选的天才的包围下，他发现这是自己取得进步的绝佳氛围，每天都在克罗地亚足坛最顶尖的教练监督下，和全国最有前途的球员一起努力训练。正如波图纳克所言，“对于一个心理如此强大的人而言，那是最理想的培养液，他必定会迎来大爆发。”就这样，莫德里奇从达尔马提亚的小天才更上一层楼，连续入选各年龄段的克罗地亚国家队。

早在 2001 年 3 月，卢卡还在扎达尔踢球的时候，时任克罗地亚 15 岁以下国家队主教练的马丁·诺沃塞拉克（他也是克罗地亚最顶尖的青训教练）第一次征召莫德里奇出战对阵斯洛文尼亚的主客场两场友谊赛。诺沃塞拉克记得当时的莫德里奇“很明显在身体条件上比其他队友都要落后一截，但是也很明显他有足够的天赋和能力不偏不倚地成长。在自己的足球发展上，他总是做最正确恰当的事，百分之百全情投入。如今他呈现出的一切美妙都源自十几年如一日持续不断的努力和训练，当然，还有他超凡的天赋。他从来没有走过任何捷径，他是所有年轻球员的榜样”。其实自从他儿时在达尔马提亚的校园赛事崭露头角，莫德里奇就一直在克罗地亚足协的雷达上，但是他的瘦小的身体条件拖延了他入选更低年龄段国家队的时机。开始在萨格勒布踢球之后，他随即在接下来的几次征召中成为国青队的绝对主力。

他在各年龄段国家队的缓慢进程从进入 18 岁以下国青队之

后终于开始稳定下来，此后他就成为各级别国家队中无可争议的中场指挥官和队长。他永远是主力、首发，通常都会踢满全场——最后这一点在他的15岁以下和17岁以下国家队时期还有些力不从心。马尔克·辛德里奇的国家队生涯到U19国青队就结束了，司职后卫的他记得卢卡从18岁起就变成了所有年龄段国家队最耀眼的明星。诺沃塞拉克的话也证明了这一事实："一旦身体条件追上其他球员，他就成了国家队铁打不动的主力。他的天赋太抢眼了。"

突出重围之后，他的上升状态很快势不可当。2002—2003赛季开始之前，隆卡勒维奇负责的迪纳摩体育竞技部门做出了一个重大决定：创立一支预备队容纳青训营各梯队里最优秀的年轻球员，入选球员包括赫尔沃耶·卡勒、韦德兰·乔尔卢卡、菲利普·伦卡里克，当然，还有卢卡·莫德里奇。当时他们的表现还不足以像爱德华多·达·席尔瓦那样得到一线队主教练米洛斯拉夫·布拉泽维奇的征召。二十多年后，隆卡勒维奇认为当时的决定获得了巨大成功："对莫德里奇和青训营的其他成员而言，进入那个专门为年轻球员设计的训练计划非常有用。"

在迪纳摩预备队，莫德里奇又遇见了罗密欧·约扎卡，后者是他此后两年的教练。只是为了踢得高兴而玩球的日子已经远去，这一次的目标是塑造真正的职业球员。约扎卡承认那个时期他对自己手下的天才们"异常严格"，还忍俊不禁地回忆起一件在当时很棘手的小插曲："卢卡的头发是个问题，因为他总是把头发留得很长，每次他要传球或者做什么动作的时候都得用手把头发从额头上拨开。这点特别让我着急上火。终于有一天，开会的时候我跟他说：卢卡，明天你要是不把头发剪短就不要来训练了。你不要顶着这个发型来训练。他嘟嘟囔囔地走了，因为他特别宝贝自己的头发。第二天，他来更衣室的时候还是那个发型一点没变，我对他说：喂，不是跟你说了不剪头发就不要来训练吗？他顶嘴说让我看他当天的训练表现再决定是不是非要剪头发。我特别恼火，叫他回家去，不要来训练了。你什么时候剪了头发什么时候回来。最后他到底还是把头发剪短到不会再落下来挡着眼睛，然后就回来训练了。他是个有点强迫症的人，希望能控制自己的一切，不过我们关系很好。过了好多年他有时候还会提醒我说："教练，全克罗地亚，你可是除了军队以外唯一让我剪短头发的人。"多年以后，已经在皇马踢球的莫德里奇自发地剪短过一次头发。就在球队从里斯本捧回欧冠奖杯的第二天一大早，在他率领克罗地亚国家队征战 2014 年巴西世界杯前夕。在这两次剪短头发的经历之间，卢卡·莫德里奇从克罗地亚足球的希望之星成长为世界足坛最好的中场球员之一。

第五章

在波黑：成熟的考验

在扎达尔和迪纳摩预备队脱颖而出也并不确保卢卡·莫德里奇能进入萨格勒布巨擘的一线队。天才少年都到了一个关键的年龄，如果真的想冲破重围成为顶级球员，必须要进入下一个阶段：就算还没有准备好进入迪纳摩的一队，和同龄的孩子踢球也已经不够了。接下来的几个赛季对莫德里奇的蜕变尤为关键。年轻球员从此时开始分层，有的能真正走上职业球员道路，有的就只能去踢业余联赛或者仅仅为了娱乐。

带着这样的想法，迪纳摩队开始为自家的青训珍宝寻找理想的下一站目的地。最终的决定是：卢卡·莫德里奇、伊维卡·齐季奇、达沃·兰德卡和莱奥纳多·巴恩贾克这四位迪纳摩最优秀的青年球员将前往刚刚结束巴尔干武装冲突的波黑，跟随莫斯塔尔兹林斯基队征战甲级联赛。不过，巴恩贾克只当了48小时这家波黑俱乐部的球员，最终他的2003—2004赛季是在萨格勒布克罗地亚人队度过的。

让齐季奇、兰德卡和莫德里奇去莫斯塔尔踢球绝非突发奇想，有好几个原因。兹林斯基是黑山的一家克罗地亚俱乐部，也是莫斯塔尔当地最强大的球队。莫斯塔尔是位于战争震中的几个城市之一，塞尔维亚－波斯尼亚人、塞尔维亚－克罗地亚人和波斯尼亚人三方混战，分裂他们的主要是宗教原因：塞尔维亚－波斯尼亚人信仰东正教，塞尔维亚－克罗地亚人信仰天主教，波斯尼亚人则是穆斯林。在这个南斯拉夫最多民族的国家里，这样的事实也体现在代表不同民族情绪的足球俱乐部上。也正因为此，尤其是在当时，波黑甲级联赛恐怕是在欧洲足球版图上最复杂艰难的联赛。这个被不宽容、仇恨与极端摧毁的国家的所有隐痛深刻影响到这个想要一点一点恢复正常（权且假设有可能正常）的体育竞赛。事实上，战后最初几年，波黑同时存在三个联赛，每个信仰的民族分别有各自的联赛。2000年，克罗地亚人和波斯尼亚人的联赛合并，而塞尔维亚人的球队直到2002—2003赛季才加入，一年后，萨格勒布迪纳摩的几位年轻才俊来到了莫斯塔尔。

就这样，年仅17岁的莫德里奇面前的挑战是要像他的东家、克罗地亚最好的俱乐部证明他可以在欧洲最慑人的联赛中生存，当时的波黑联赛里对天才球员的保护远不及将对深重苦难的记忆体现在球场上来得重要。在那个赛季的波黑联赛里，所有人的首要目标都是生存下来：被多方指摘的联赛本身要生存；各家俱乐部在饱受炸弹摧残、岌岌可危的经济状况下求生存；比起保护技术能力最强的球员更担心不要重新点燃球迷之间不必要的导火线的裁判也要生存。总而言之，对年轻的卢卡而言，没有比这更大的挑战了。那一年他都和队友兼挚友伊维卡·齐季奇合租一间讨人喜欢的小公寓，他们在萨格勒布时代就一起踢球一起住。障碍重重的一年里唯一让他感觉舒服的就是他的新球队是一家属于克罗地亚人的俱乐部，这一点无疑让几乎还是个孩子的莫德里奇适应这个并不怎么好客的环境要更加容易一些。

莫德里奇第一次海外之旅远不像后来的伦敦和马德里那样盛大。兹林斯基俱乐部的历史极为特殊，1905 年，莫斯塔尔的一群克罗地亚年轻人建立了这家俱乐部，“二战”后，铁托的社会主义政府禁止了包括兹林斯基在内的许多体育组织，因此从 1945 年到 1992 年，这家俱乐部仅仅存在于生活在波斯尼亚的克罗地亚人心底的记忆里。1992 年波黑宣布独立，尽管次年的大半时间炸弹仍然在不停地纠缠这座城市，城内宝贵的建筑遗产和地标首当其冲，比如著名的老桥（修复重建后于 2005 年成为世界文化遗产），骄傲的蓝底红白“格子军团”（城市颜色和克罗地亚象征）作为莫斯塔尔最具代表性的体育俱乐部之一，重新回到内雷特瓦河畔。

在莫德里奇和他的两个萨格勒布队友租借到莫斯塔尔这件

事上起到关键作用的人物是兹德涅克·齐季奇，2003年至2007年间他是这家波黑俱乐部的主心骨，也是伊维卡·齐季奇的父亲。2005年，俱乐部在百年华诞之际押宝这些年轻的新鲜血液能够带领球队在此后的几年里重新成为波黑足球的豪门。不过对这家被他们的死敌莫斯塔尔贝莱斯俱乐部的球员和球迷称为“贵族”的球队而言，那个赛季毫不轻松。

2003年8月3日，兹林斯基1比0小胜波拉卡班加卢卡开启新赛季。莫德里奇因为克罗地亚少年队的召唤而未能参加比赛。七天后，卢卡·莫德里奇，这个告别父母和妹妹、背井离乡的18岁少年，踢了自己作为职业球员的第一场比赛。那是距离莫斯塔尔二十来公里的伯拉治——一个仅有三万居民的小城。对手是与小城同名的球队。那场首秀是苦涩的，兹林斯基以0比3败北。伯拉治的胜利并非平白无故，他们最终在那个赛季捧得联赛冠军。不过，那场比赛卢卡·莫德里奇毕生难忘，因为他终于走到了，终于看见自己想要当足球运动员的梦想开始变成现实。

此后的四场比赛，兹林斯基仅仅取得1分。六轮过后，俱乐部决定动动教练席以求立竿见影的效果。无论斯拉文·穆萨还是弗兰霍·齐季奇都没能一击即中，后者辞职后，克罗地亚人斯泰潘·德维里奇接过教鞭。杯赛中他们被低级别联赛球队斯拉维加淘汰，实在不利于他们回到正轨。德维里奇球员时代曾经为南斯拉夫国家队效力，是萨格勒布迪纳摩的名宿，也曾经在该俱乐部的青训梯队执教，因而对莫德里奇、齐季奇和兰德卡的成长尤为关注。

在新教练的麾下，球队逐渐适应了波黑甲级联赛近乎残酷的艰难，而卢卡·莫德里奇开始令所有人惊叹。那个肩负起整个兹林斯基的年轻人拥有比整个联赛其他球员高得多的阅读比赛的能力，随着一轮又一轮的比赛，所有对他身体条件的质疑都被抛在后面。有了莫德里奇掌舵，胜利接踵而至，德维里奇接手球队后的七场比赛，兹林斯基豪取五连胜。

一片形势大好当中，莫德里奇作为职业球员的首球也来到了。那是 2003 年 10 月 12 日，联赛第十轮，兹林斯基主场 5 比 3 大胜奥兰治，卢卡·莫德里奇庆祝了他来到艰难的波黑联赛之后的首球。从那一刻起，命中对方球门成了这个全面球员的新特质，考虑到他相对较弱的身体条件，这样的成绩更加不易，这一年结束的时候，他在 25 场比赛中打入 8 球，进攻力不可小觑。

波黑联赛并不常见到这样大爆发的天赋，更不用说莫德里奇来到莫斯塔尔几周后才年满 18 岁。在这个被斯泰潘·德维里奇本人定义为“强硬、艰难，有时候甚至野蛮”的联赛里，红色间条衫最年轻的领袖没少成为比赛高攻击性的主要受害者，仿佛整个球场都是针对他的优雅球技设下的地雷阵。毫无疑问这一事实暂时影响了球队的表现，从 11 月 9 日到 3 月 28 日之间（跨越冬歇期）的七轮比赛里，兹林斯基一场未赢。

四月初，波黑劲旅萨拉热窝俱乐部做客白山球场对阵濒临降级区的兹林斯基。是役，除了正常比赛需要的紧张氛围之外，莫斯塔尔的极端球迷组织也恰好庆祝他们成立十周年。莫德里奇的超凡表现为比赛一锤定音，年轻的卢卡摇身一变成为兹林斯基看台顶礼膜拜的偶像。从比赛一开始，面对来自首都的强大球队，主队就占据了上风，在尝试了几次之后，莫德里奇终于在中场休息前将比分扩大至 2 比 0，让球队获得了急需的巨大平静。那是一个非常聪明的进球，在展现了他毫不惧怕与比自己强壮许多的后卫进行身体对抗之后，他利用了对方后防的失误，击溃了客队门将，主场观众为之疯狂，不停对他们的新偶像表达着爱。对德维里奇的球队而言，这场胜利绝对是抚慰人心的灵丹妙药，让他们得以喘口气再去面对联赛的最后冲刺阶段。也许正是因为那场比赛，在莫斯塔尔人看来，莫德里奇永远是至今依旧宠爱他的球迷心中的“小天才”。

不过，在冲刺阶段，困境并没有结束。虽然这个年轻克罗地亚新星的出现让球队的表现有所改善，但是直到最后几轮，已经五月中下旬了，兹林斯基才彻底确定保级成功。莫德里奇的几粒进球，包括 2 比 0 战胜鲁达尔的比赛，尤其是联赛倒数第二轮 3 比 2 险胜斯洛波达图兹拉的比赛中打入的制胜球，终于让莫斯塔尔的球员、高层和球迷都长舒了一口气。不过，莫德里奇对那个赛季收官阶段最深刻的记忆却是他们 0 比 2 不敌莱奥塔尔的比赛。总共 30 轮的联赛，那场比赛是第 26 轮，莫德里奇永远没有忘记当天裁判的精彩表演。“完全碾碎了我们”，后来他回忆道。

对阵斯洛波达图兹拉的胜利终于让兹林斯基提前一轮保级成功。所以，最后一轮比赛，在白山球场，对于整个球队大家庭来说风平浪静，他们不用为了什么而战，前来做客的是已经锁定联赛亚军的强大的萨拉热窝铁路工人队。但凡要是德维里奇的球队命悬此役，这场两强相遇的比赛必定会精彩纷呈。不过卢卡·莫德里奇不想随随便便告别。虽然最后他们1比5不敌来自萨拉热窝的对手，莫德里奇打入了暂时将比分扳成1比1的进球，以此结束了效力兹林斯基的岁月。这是那个赛季他们主场最大比分的溃败，不过这并没有阻碍现场球迷像告别真正的英雄一样送别那个在此长大成人的少年。那是2004年5月29日，没有人会料到，十年后，2014年5月24日，卢卡·莫德里奇在里斯本跟随皇马一起登上欧洲之巅。

彼时，莫德里奇已经在2004年3月31日对阵土耳其的比赛中代表克罗地亚21岁以下国青队完成首秀，征召他的正是他15以下国家队首秀时的主教练马丁·诺沃塞拉克。有意思的是，同一天和他一起在国青队亮相的还有马里奥·格古洛维奇——扎达尔1985年出生的那一代球员中的另一个天才。

就这样，莫德里奇作为职业球员的第一个赛季结束了。到了总结和评估在这个对他来说一定非常艰难的联赛中取得的成绩和进步的时候了。评价几乎是统一的，专业媒体、专家、波黑联赛的众多教练和球员都十分明了这个来自萨格勒布迪纳摩的轻量级中场球员已经成长为波黑联赛最好的球员。不过，和如今在网上流传的版本不同，莫德里奇那年并没有被官方推选为赛季最佳球员，因为当时还不存在这个奖项，当然毫无疑问，要是当时存在这个奖项，莫德里奇作为兹林斯基的球队大脑一定是实至名归的获奖者。他确实得到的荣誉是菲利普·桑吉克－皮帕奖，这是莫斯塔尔兹林斯基队内的赛季最佳球员奖，自 2000 年以来每年颁发一次，由球队的球迷投票选出，从 2004 年起，这一奖项更名以纪念一位被杀遇害的球迷。卢卡·莫德里奇是这一奖项最年轻的获奖者。

年轻的卢卡在个人发展和足球进步上的成功也得益于那个赛季他没有受到任何重大伤病的困扰。毕竟某些对手防守他时的凶狠程度让他不时有受伤的风险。后来被问起在莫斯塔尔的一年，莫德里奇的回答很明晰："那个赛季给人留下的最深印象恐怕主要是我们犯下的错误，最后的排名并不好，但是兹林斯基的那一年永远留在我记忆里的却是很多美好的东西。我永远不会忘记那家俱乐部、那座城市，也不会忘记那里的球迷，他们对我非常好。"

毫无疑问，他也永远留在了俱乐部和球迷的心中。时至今日，莫德里奇依旧是兹林斯基球迷最重要的偶像，2014 年 9 月 9 日，在他离开球队十年之后，为了庆祝他的 29 岁生日，莫斯塔尔城的杜布洛瓦卡街上出现了一幅涂鸦，画的是卢卡穿着兹林斯基的白底红条球衫庆祝进球。

至于在严格的俱乐部事务层面上，莫德里奇从萨格勒布迪纳摩转会热刺以及此后从热刺转会皇马的两次交易中，兹林斯基从中各获益 25 万欧元的培养费，对于这家没有多少预算的俱乐部而言，这无疑是非常受用和高兴的事，也帮助了球队更为稳固。

在莫德里奇离开莫斯塔尔后的十年里，许多人事都发生了变化。他成为国际巨星，他曾经的球队成了波斯尼亚足球的霸主之一，斩获三次联赛冠军和一次杯赛冠军，他当初的两位旅伴达沃·兰德卡和伊维卡·齐季奇作为球队核心一直效力到 2007—2008 赛季。

这其中的第一个联赛冠军恰恰是在莫德里奇离开球队后的第一个赛季捧得的，不过不少人都认为莫德里奇是兹林斯基能在俱乐部诞辰一百年之际赢得历史性突破的奠基人，这支球队能在那个赛季站稳脚跟，莫德里奇是前一个赛季从头至尾打下新地基的关键。

又到了该回答那个重要问题的时候了：年轻瘦小的卢卡·莫德里奇做好准备成为克罗地亚最好球队的掌舵人了吗？兹德涅克·齐季奇搓搓手，给出了否定的答案，他希望这颗新星继续在白山球场绽放一个赛季的光芒。莫德里奇本人也不反感继续在波黑联赛效力的选项，但是最终的决定权属于克罗地亚的这支首都球队。

最终的决定令不少人大跌眼镜。母队为莫德里奇选择的下一站是克罗地亚联赛，但远不是回萨格勒布迪纳摩，而是名不见经传的小球队国际扎普雷西奇，在通往被奉为地球上最好的足球运动员之一的路途上，莫德里奇需要在那里迈出职业生涯的下一步。

第六章

最后一次租借

莫德里奇在波黑联赛的绝佳表现驱散了迪纳摩对于他能力质疑的一部分，但不是全部。不过很明显波黑联赛已经不是这颗自家青训营的天才珍宝下赛季应该发展的地方，虽然莫斯塔尔非常希望他能留下。

在迪纳摩高层看来，让过于年轻的莫德里奇挑起球队的大梁还为时过早，风险未经论证，不过，考虑到他日益显著的巨大潜力，俱乐部需要他在更近的雷达范围内，好追踪他的发展。所以，下一步莫德里奇回到了克罗地亚顶级联赛，国际扎普雷西奇是一支球队基地距离萨格勒布非常近的“升班马”，历史最好战绩是1992年的国内杯赛冠军，遗憾的是，因为战时欧足联的否决票，他们第二年没能以此身份参加优胜者杯的角逐。在克罗地亚联赛，他们直到当时也没什么惊艳的表现。不过，

“瓷器厂”人（球队的第一个大赞助商是一家当地的瓷器工厂）永远记得他们是克罗地亚独立后第一支前往海外参加国际友谊赛的球队，1991 年夏天，他们前往英国对阵布莱顿，他们也是第一支在克罗地亚举办国际友谊赛的球队，1992 年 2 月迎来了奥地利球队格拉茨。

2004—2005 赛季与莫德里奇一同前往国际扎普雷西奇的迪纳摩新星还有两个司职后卫的韦德兰 · 乔尔卢卡和赫尔沃耶 · 卡勒。这次租借是莫德里奇和乔尔卢卡成为职业球员以来首次并肩作战，后来两人在职业生涯的前半段还会携手度过精彩的时光。在离开国际扎普雷西奇后，他们先后在萨格勒布迪纳摩和热刺当过几个赛季的队友，当然还有在克罗地亚国家队不计其数的同场比赛。

正如执教兹林斯基的斯泰潘 · 德维里奇一样，那个赛季，国际扎普雷西奇的教练席上坐着萨格勒布迪纳摩的传奇名宿斯雷奇科 · 博格丹，曾经在迪纳摩和德国的卡尔斯鲁厄队都有过多产的职业生涯。这一点，加上两城之间仅有 20 公里车程，让莫德里奇可以住在萨格勒布，只在训练或比赛日去扎普雷西奇即可，而且两家俱乐部那时候还保持着非常好的关系，毕竟此前已经有过好几次租借的合作，比如 2002—2003 赛季的爱德华多 · 达 · 席尔瓦。所有这些原因都让兹德拉夫科 · 马米奇觉得国际扎普雷西奇是让莫德里奇、乔尔卢卡和卡勒继续进步的完美去处。这样绝佳的方式让迪纳摩青训里最有希望下赛季升入一队的球员得到足够多的比赛时间，继续成长，同时又不会像如果租借到距离萨格勒布比较远的球员那样脱离迪纳摩的有力掌控。

克罗地亚顶级联赛共有 12 支球队参赛，第一阶段是主客场两回合共 22 轮比赛，第二阶段的比赛，排名前六的球队捉对厮杀争冠，后六位的球队则努力避免降级。通常情况下，萨格勒布迪纳摩总是在最后的精英小联赛里，而国际扎普雷西奇应该是要为保级而战。但是，世事难料，那个赛季最后却是国际扎普雷西奇球队历史上最辉煌的一年，也是克罗地亚霸主历史上最差的一年。

卢卡·莫德里奇很快就引起了球队主帅的注意，斯雷奇科·博格丹至今仍清楚地记得最初几次训练之后莫德里奇留给他的印象："他几乎还是个孩子，但是很快我们所有人都注意到他惊人的天赋。"而且，这个瘦小的球员身上有的绝不仅是绝佳的技术："克罗地亚，乃至整个世界足坛，并不缺少天才球员，但是他向我们展现出的远远超出了天赋的范畴。他总是不懈地努力，热爱训练，而且很好相处。"这位 1957 年生于毗邻斯洛文尼亚和匈牙利的克罗地亚小镇穆尔斯克斯勒迪塞的教练如是说。

在抢眼的季前表现之后，新赛季正式打响，2004 年 7 月 24 日国际扎普雷西奇首战前往萨格勒布，在克兰赛维切娃体育场客场挑战首都城市的第二大球队：萨格勒布足球俱乐部。凭借达沃·皮斯科在第 23 分钟的进球，国际队一球小胜，这是"蓝黄军团”对接下来的赛季走向给出的第一记信号。出色的第一个月让他们从第三轮开始就稳坐积分榜榜首，五连胜的战绩让他们主场迎战萨格勒布迪纳摩的时候已有 15 分在帐，而对手只有 7 分和区区一场胜利。哪怕几周前还没有人能想象到这样的局面。

国际扎普雷西奇的俱乐部历史上很少有像 8 月 29 日对阵萨格勒布巨舰时那样令人记忆犹新的比赛，他们小小的主场国际扎普雷西奇球场是为了举办萨格勒布大学的足球赛才于 1987 年建成的，只能容纳 5000 人，那天几乎座无虚席。那是一场与众不同的比赛，首都郊区的平民球队如果能取胜，将给克罗地亚联赛重重一击。雪上加霜的是，在萨格勒布迪纳摩有效合同期内的卢卡·莫德里奇和韦德兰·乔尔卢卡此时已经是这支让克罗地亚全国上下（包括兹德拉夫科·马米奇）震撼不已的国际队的绝对首发。伯纳德·古力奇在下半场第 3 分钟的进球让国际扎普雷西奇赢下比赛并继续坐稳领头羊的宝座，对手野心勃勃，现在却陷入了严重的排名危机。从那一刻起，马米奇就开始盘算几周后发生的事：是时候让卢卡·莫德里奇回到自己的球队里了。

那个个头小小的金发中场，仅仅两年前在他身上还存在如此多的质疑，而成为职业球员后他只用了一年半的时间就把所有这些质疑一扫而空。用博格丹教练的话说，“对他来说，个子小从来不是个问题，他在球场上的速度、巨大的创造力和比赛意愿完全弥补了身体条件。”一年前彻底改变了波黑联赛的莫德里奇又开始在克罗地亚的联赛里产生同样的影响，率领国际扎普雷西奇一骑绝尘拿下历史上最佳排名。以往因为距离首都很近而支持大球队的当地人都转而支持他们，球迷数量达到了小城记忆中的顶点。这座仅有20000居民、算上中心区域才50000人的小城共同见证了萨格勒布西北方正在诞生的伟大。

也许是过于激动的情绪影响了球队的发挥，此后两个客场比赛接连以0比2的比分不敌奥西耶克和里耶卡，让国际队尝到了当赛季的头两场败局，不过两场比赛中间的主场比赛他们依旧无坚不摧，3比2击败瓦拉日丁，卢卡·莫德里奇在中场休息前打入了他在克罗地亚联赛中的首粒入球，将比分扳成1比1，最终国际队全取三分，继续领跑积分榜。不过仅仅三天后，国际队在杯赛首轮落马，他们在查克维茨与梅吉慕捷战成2比2平，点球大战中，命运女神站在了对手一边，国际队6比7败北。和在兹林斯基的那个赛季一样，卢卡·莫德里奇又一次在国内杯赛中早早出局。这成了他的一个心结，要在将来捧起的一个又一个奖杯中慢慢解开。

此后的几周里，人们开始越来越感觉到属于克罗地亚联赛灰姑娘出其不意的时刻已经过去了。小小的国际队越来越难让对手惊讶，赛季初的六连胜已成过去。不过球队还是继续排在积分榜首位，位列第二的是里耶卡，海杜克暂时处于低潮期，而萨格勒布迪纳摩还在自己漫长而成功的历史上最突兀的一年里继续寻找方向。

10月的第一场比赛，莫德里奇就打入了他在克罗地亚联赛的第二球（也吃到了第一张黄牌），帮助球队客场逼平了刚刚升级的普拉1856队（即后来的伊斯特拉足球俱乐部）。收获1分之后，博格丹的球队以领头羊的身份迎接另一支克罗地亚豪门斯普利特海杜克。平生第一次，卢卡·莫德里奇要面对他在科洛瓦雷酒店周围踢碎玻璃的年代梦想效力的球队，也是后来因为他的身体条件拒绝他加入青训的球队。虽然博格丹教练记得“卢卡总是以同样的比赛欲望上场，无论对手是谁”，但对于国际扎普雷西奇的掌舵人而言，这不是随便的一场比赛。那个赛季他场场首发，这一场也不例外。赛季第一场比赛的时候只有区区700名球迷到场，这一天看台上坐了超过4000人。所有球迷都期待着能像一个半月前战胜迪纳摩时一样好好庆祝一番。第21分钟韦德兰·乔尔卢卡的进球无疑让球迷们更加充满期待，期待着自己的小球队能在积分榜上再领跑一周，而且能力压卫冕冠军海杜克，斯普利特的球队造访国际扎普雷西奇的时候落后5分，如果这一场主队获胜，分差将进一步拉大。

这不是莫德里奇表现最好的一场比赛，他在第75分钟被罗米斯拉夫·贡奇换下，完全没料到紧接着立刻发生的事——几秒钟之后，海杜克扳平了比分。而余下的15分钟时间还足够让斯普利特巨人最终带走一场3比1的胜利，分差急剧缩小，而国际队也不得不被拉回现实。值得一提的是，斯普利特球队的

第二球是马里奥 · 格古洛维奇打进的——托米拉斯夫 · 巴什奇在扎达尔的另一个足球之子。那场比赛之后，克罗地亚联赛的上半程也结束了，博格丹的球队依旧在积分榜首位，不过只领先排名第二的里耶卡 1 分、第三的海杜克 2 分。那支曾经有一个月让人觉得几乎不可战胜的球队已经不复存在。

尽管如此，那支国际队还是很难被击败的大块头。虽然对阵海杜克大比分落败，乔尔卢卡镇守的后防依然是全联赛最好的。这一点，加上对手们不稳定的发挥，让“瓷器厂”虽然在接下来的五轮比赛中只取得两场胜利但依然没有失去榜首位置。第 16 轮，国际队大胜扎达尔，这是另一支莫德里奇心爱的球队，卢卡面对当初最早给他机会踢球的俱乐部打入了最令他心痛的进球之一，他在比赛第 80 分钟将比分改写为 3 比 1，但这还不是最终比分，很快对方又丢了一球。那是 11 月 20 日，国际扎普雷西奇继续傲视群雄。还有两轮就要进入冬歇期了，克罗地亚最重要的核心居住地包括萨格勒布和奥西耶克都位于内陆地区，每年从 12 月到次年 2 月饱受低温和降雪，无法进行比赛。

但是，恰恰冬歇期前的最后两场比赛让卢卡 · 莫德里奇的球队一路跌至第四位。第 17 轮堪称是莫德里奇的结业考试，因为国际队要做客克罗地亚足球最宏伟的马克西米尔球场，挑战比他们少 6 分排名第五的萨格勒布迪纳摩。对莫德里奇和乔尔卢卡而言，这是尤为重要的一天（卡勒在国际队几乎没有上场时间），他们要对阵自己的母队，所在的球场他们不久以后就要在这里彻底确立自己的职业生涯。但是那场比赛乏善可陈，迪纳摩凭借托米奇和曾经租借到国际队的爱德华多·达·席尔瓦的进球2比0轻松取胜。莫德里奇在下半场开场不久、爱德华多进球后几分钟就被替换下场。那一刻，连他自己都没想到他很快就会重新回到马克西米尔球场踢球。那次失利后，国际队彻底失去了领头羊的位置，落至第四。

一周后，2004年克罗地亚足球的最后一个比赛日到来了。那是12月4日，这天之后要再过三个月、直到次年2月末才会重新恢复比赛。国际队在主场迎战奥西耶克，赛前他们觉得这是很好的机会保持在第一集团军，而且，谁知道，万一排在前面的几支球队势均力敌互相打平，他们还有机会冲击一下榜首。比赛刚开始，莫德里奇的又一粒进球让主队球迷欢欣鼓舞，但是仅仅15分钟后，奥西耶克就扳平了比分，最终3比1反败为胜。那是一场硬碰硬的比赛，裁判一共出示了8张黄牌和1张红牌。少一人应战让国际队彻底乱了阵脚。几周来赛场表现的严重下滑，让他们很感激冬歇期的到来，可以在最后的冲刺阶段来临之前有喘息之机，恢复一下元气。但是，当然了，没人预料到很快将要发生的事。

“卢卡·莫德里奇将不再为国际队效力，他需要回到萨格勒布迪纳摩报到。”这一通电话完全打乱了斯雷奇科·博格丹对整个赛季的规划，只能眼睁睁看着自己最好的武器——可以踢享有进攻绝对自由度的前腰位置，甚至可以踢影子前锋——

离开，毫无办法。迪纳摩正在经历前所未有的糟糕赛季，暂时排名第七，被排除在可以争冠的前六小联赛之外，这让他们必须做点什么来拯救球队。

当时迪纳摩的主教练是隆卡勒维奇，他很明确地知道是时候了，卢卡·莫德里奇该回萨格勒布了，兹德拉夫科·马米奇也不打算再延长这令人汗颜的状态。隆卡勒维奇的原话是："至少在我的记忆里，那是迪纳摩历史上最差的赛季。"糟糕的表现导致球队不惜一切代价要毁约，不让莫德里奇如租借合同约好的那样在国际队效力一个完整的赛季。也有传闻说，促使马米奇做出这个决定的一个重要因素，是他对一个这么小的郊区球队展现出如此惊艳的表现嫉妒不已。他不能接受眼见自己的迪纳摩偏离航向。无论如何，萨格勒布迪纳摩的大门彻底向莫德里奇敞开了，在为国际队出战 18 场比赛打入 4 球之后，经过波黑联赛还残留的那一点不多的质疑也彻底烟消云散。在马克西米尔球场，没有人敢想象全能的、历史悠久的迪纳摩很可能无法进入前六，意味着下赛季没有欧战可打，无法想象他们不得不去参加保级联赛——俱乐部的球迷素来称之为"傻子联赛"。和莫德里奇一起回到迪纳摩的还有在国际扎普雷西奇几乎没有上场时间的赫尔沃耶·卡勒，不过后来职业生涯发展远超卡勒的乔尔卢卡没有回去。就是那年冬天，在莫德里奇和卡勒进入迪纳摩一队之前，他们和另外两个迪纳摩青训的伙伴乔尔卢卡以及马尔克·辛德里奇一起去波斯尼亚的亚霍里纳度假滑雪橇，玩了个尽兴。

和在莫斯塔尔时一样，虽然这一次只是短短几个月，卢卡·莫德里奇再次捕获了所有国际扎普雷西奇球迷的心。那个赛季球队最终取得了历史最佳战绩，晋级争冠小联赛并最终获得亚军，与卫冕成功的斯普利特海杜克仅有两分差距。他们甚至在最后一轮比赛还有理论上的夺冠可能。那是令人难忘的一个赛季，许多年后，俱乐部里的人还记忆犹新，为“瓷器厂”曾经拥有过莫德里奇和那支绝对载入史册的阵容而骄傲。

第七章

"傻子联赛"

兹德拉夫科·马米奇在萨格勒布迪纳摩的宏伟计划始于2003年，当时俱乐部管理层决定任命他为执行副主席，实际上等同于让他成为俱乐部中最大的实权人物。然而，他任内的头两个赛季并没有像他的勃勃雄心那样出色。2003—2004赛季，斯普利特海杜克以两分的优势力压迪纳摩捧走联赛冠军，而紧接着第二个赛季，局势非但没有好转，反而愈加恶化，许多球迷、记者乃至球员、教练都对那一年记忆犹新，将其视为这支萨格勒布巨擘有史以来最差的赛季。球队先后换帅达五人之多，队中气压之低令人难以忍受，联赛战绩一路下滑，铁腕治队的马米奇备好了断头台等着随时解雇教练。十个月里，马克西米尔球场的教练席上先后坐过尼克拉·尤舍维奇（四轮比赛）、德鲁罗·巴戈（两轮）、内拿德·格拉坎（十轮）、隆卡勒维奇（六轮），最后到了维考维奇手上，由他负责率队征战最后十轮保级小联赛。布加特是莫德里奇在扎达尔最好的朋友之一，也在那个赛季的阵容当中，据他回忆，“当时主席每过两三场比赛就想换一次教练，这个情况持续了好一段时间。”球队的大政方针不停变化，当然也少不了球员的进出变动。卢卡·莫德里奇就是其中之一，在被从国际队紧急召回之后，他与迪纳摩签订了十个赛季的合约。这场转会的发生得益于莫德里奇在当赛季一骑绝尘的“黑马”国际扎普雷西奇队中亮眼的表现，同时也和尼科·克拉尼察在冬窗期令人吃惊地投奔永远的死敌斯普利特海杜克有关。在那之前的几个月里，迪纳摩俱乐部上下都认定这两位球员无法共存：如果克拉尼察转会，莫德里奇是个不错的替代人选，但是两人没法同时在场上踢球。虽然两位球员的特点有显著不同——克拉尼察技术和射门上乘，但是在球场上远不如莫德里奇灵动——克拉尼察突然投奔死敌显然是球队决定召回莫德里奇最决定性的刺激因素。

在这样奇怪的氛围里，球队各个层面都动荡不安，莫德里奇在萨格勒布迪纳摩亮相的最初几个月注定不会容易。虽然他对这座城市和这家俱乐部都十分熟悉，球队因为战绩不佳以及教练席的频繁变动导致的压力还是让年仅 19 岁的莫德里奇适应起来颇为艰难。球队里年轻人居多，几乎都是将将开始成年队职业生涯，因此始终也没找到能把比赛踢好的方式，交出的答卷也与俱乐部的深厚底蕴全然不符。当时阵中的球员和教练组成员都清晰地记得那个赛季难以承受的压力，不仅来自俱乐部高层或者媒体，更是来自那些为他们的表现感到羞愧的自家球迷。不用说，年轻的莫德里奇也没法逃开这样的局面。万众瞩目当中，好像所有人都指望着这个在莫斯塔尔和国际扎普雷西奇都大放异彩的新球员能够改变迪纳摩当下的面貌。然而那几个月里这个“小救世主”本人始终处在惴惴不安当中，俱乐部是一个全方位随时会炸的火药桶，而他小小年纪就被委以拯救球队于水火的期待，这对一个刚刚成年的球员而言无疑是残酷的重担。

冬歇期过后，迪纳摩距离排名第六的斯拉文贝鲁波一分之遥，只有前六名的球队可以去踢争冠小联赛，接下来的四轮比赛不容有失，可是莫德里奇却很难找到信心。迪纳摩 1 比 2 不敌萨格勒布的比赛中他一分钟也没有踢，3 比 1 战胜梅吉慕捷的比赛他也没有获得任何登场机会。在兹林斯基和国际队他都与 3–5–2 的阵型完美契合，如今想要适应迪纳摩的 4–4–2 并非易事，雪上加霜的是他的膝盖略有不适，球队的排名又岌岌可危不敢轻易尝试换阵，这一切都导致莫德里奇在刚回来的那段时间几乎没什么出场时间。

2005 年 3 月 12 日，莫德里奇首次为迪纳摩披挂上阵，在主场 2 比 1 战胜卡门英格拉德的比赛中首发登场。那场比赛过后，迪纳摩在积分榜上位列第六，意味着小联赛开始前的最后一场比赛他们可以掌握主动权，只要取胜就可以加入争冠的行列。达里奥·扎霍拉在对阵卡门英格拉德的那场比赛中与爱德华多共同首发搭档锋线，多年以后，他仍然记得对一名射手而言身后拥有年轻的天才莫德里奇给自己喂球的感受："他是那种所有人都想和他当队友的球员，尤其是前锋，因为他永远知道你在哪，他会在最绝佳的时刻把球传给你。我唯一的遗憾就是和他一起上场的机会不够多，有这样一个人在身后真是梦寐以求的事。和这样的球员一起踢球，一切都变得容易了许多。"而球队里有不少人都从莫德里奇还在青训营的时候就已经熟知他的过人天赋。

不过，那个赛季注定不属于萨格勒布迪纳摩。最后一轮莫德里奇没有上场，球队1比3败给斯拉文贝鲁波，迪纳摩只能去踢保级小联赛了。所有人都不想面对的"傻子联赛"变成了现实。对克罗地亚最好的俱乐部而言，这是历史性的耻辱，隆卡勒维奇因此丢掉了帅位，成为那一年疯人院般的风雨飘摇中第四个被解雇的主教练。对于最后那场比赛，留着小胡子的隆卡勒维奇坦言那是"我的职业生涯中最紧张的局面"，不过那时候球队早已是一个即将爆炸的汽油弹，落败斯拉文贝鲁波只是证实了现代迪纳摩队史上最大的溃败降临。在隆卡勒维奇看来，"当时的困境已经很难走出来，我太知道球队是怎么一步一步走到谷底的，最后我甚至都不吃惊了。"

保级小联赛不亚于持续的耻辱折磨。迪纳摩几乎完全不可能降级，毕竟他们在之前的22轮比赛中积攒的分数相比后面的球队还是遥遥领先的，所以踢小联赛的时候没什么目标和动力可言。莫德里奇在头三场比赛中连续首发登场，紧接着却失去了位置，余下的七轮只踢了三场，并且都是替补。老实说，莫德里奇在萨格勒布迪纳摩的第一个赛季确实还有很大的改善空间。也的确是从那时起，他的表现和职业生涯开启了一路狂飙的模式。某种程度上，兹德拉夫科·马米奇本人似乎已经预计到了这一点。

自克罗地亚独立以来球队历史上最差的赛季刚刚过去，马米奇就放出豪言："我们接下来会连拿十个联赛冠军！"这句半是挑衅半是胡言的话随着时间的流逝居然得到了印证，尽管当时俱乐部里有不少人都对在球队深陷竞技、管理、经营三重危机的时候说这种大话极尽嘲讽之能事。"他相信球员，懂得为了赢得辉煌战绩需要什么，所以很快那些看笑话的人发现一切真的开始像他预言的那样发展的时候就笑不出来了。"回想起来，亲身经历过迪纳摩最大的低谷和随后的全面统治的达里奥·扎霍拉如是说。

亲历那个溃败赛季的迪纳摩球员几乎都有这样的感受，那就是此后的"十连冠"伟业恰恰始于糟糕的2004—2005赛季。毫无疑问，那是奠定全新的萨格勒布迪纳摩辉煌的时刻，执掌大权的兹德拉夫科·马米奇备受争议，外界对他的古怪和复杂众说纷纭，但是他确实把全部生命都奉献给了这家俱乐部，后来社会上甚至有不少人表示如果克罗地亚能多一点这样的掌权人，整个国家在很多方面的发展都会好得多。

抛开马米奇的个性不谈，萨格勒布迪纳摩在自2005—2006至2014—2015的十个赛季里连夺十个联赛冠军是无可辩驳的事实。当时很多克罗地亚俱乐部（包括他们的死敌海杜克）都深陷经济危机的泥沼，这竟成为迪纳摩自家球迷对马米奇的批评不断升级的原因——尽管战绩一骑绝尘，球迷们依旧判断俱乐部的运营一定有违规之处。渐渐地，马克西米尔看台上的观众越来越少，曾经的魔鬼主场不再，由罗伯特·普罗辛内茨基等俱乐部名宿发起民众运动抗议球队的经营管理黑幕，矛头直指万权集一身的马米奇，要求他引咎辞职，但是都未见成效。

第八章

星光初生

2005 年夏天，危机中的萨格勒布迪纳摩终于初见曙光。名宿约西普 · 库泽坐上教练席接管球队，同期回到球队的还有从德国归来的中场左兰·马米奇(他是兹德拉夫科·马米奇的胞弟)，乔尔卢卡也从国际扎普雷西奇回到母队。此外萨格勒布迪纳摩还引进了几位外籍球员，包括喀麦隆人马蒂亚斯 · 查戈以及来自巴拉纳竞技队的巴西人埃托，让球队的整体水平有了大幅提高。也是在那个夏天，两个后来成为克罗地亚国家队重要人物的名字在迪纳摩崭露头角：奥格年 · 武科耶维奇和德扬 · 洛夫伦，不过后者还在试训期。经过前一个赛季兹德拉夫科 · 马米奇引发的种种风波，新赛季开始前，至少俱乐部管理层已经在设法让球队重新焕发青春和活力。

除了在还不到 20 岁的时候参与过萨格勒布迪纳摩的季前

训练，这还是卢卡·莫德里奇第一次真正接过这支历史悠久的克罗地亚首都球队的中场大旗。很快，如同春日花开，他的信心不断增长，巨大的天赋和优异的个性让他顺利通过了种种考验。库泽很快就把统领全队、组织进攻的重任放心地交给了他。没过几周，莫德里奇已经成为场上天然的领袖。半个赛季后，2006 年 3 月，莫德里奇得到了克罗地亚成年国家队的第一次征召，从此除了因伤再未缺席。

上赛季的糟糕战绩让萨格勒布迪纳摩这个赛季没有欧战可打，而在国内联赛中，他们所向披靡，除了 0 比 1 爆冷负于奥西耶克的比赛，整个赛季他们都踢得闲庭信步。第一阶段他们收获了 18 胜 2 平 2 负的傲人战绩，进 61 球，仅失 11 球。其中有十场比赛的进球数都不少于 4 个，另有两场不少于 3 个。这样绝对的统治地位让他们在第一阶段结束时遥遥领先里耶卡 11 分，海杜克更是仅以一分优势逃离保级联赛。

有了这样的成绩保底，争冠阶段他们虽然 1 比 2 输给里耶卡，在对阵海杜克的“永恒德比”上也 0 比 1 告负，联赛冠军依旧毫无悬念，他们最终全赛季进球 78 粒，失球 21 粒，总积分比排名第二的里耶卡高出 11 分，比排名第三的瓦拉日丁高出 29 分。遗憾的是，在国内的杯赛上他们却栽了跟头。8 比 0 横扫萨格勒布哈斯克队之后，他们在八分之一决赛中被小球队纳夫塔斯伊万尼奇队淘汰，遭到重创。是役，迪纳摩虽然派出了绝对主力阵容，却 2 比 3 爆冷输球。纳夫塔斯伊万尼奇队来自距离首都

40 公里、仅有一万居民的小镇伊万尼奇格拉德，直到多年后，那场淘汰萨格勒布迪纳摩的比赛依旧是他们俱乐部历史上最令人津津乐道的伟业。而对于莫德里奇的球队而言，国内杯赛出局是那个赛季唯一的瑕疵。除此之外，人们都开始看到马米奇许诺过的“十年不败”梦可能真的开始实现了。

萨格勒布迪纳摩浴火重生，莫德里奇的突出作用从赛季一开始就显露无遗。他是库泽阵中无可争议的首发球员，32 场联赛中他都在前腰位置上拥有组织进攻的绝对自由，他的身前通常是爱德华多·达·席尔瓦和伊万·博斯尼亚克组成的双前锋，两人在莫德里奇为他们设计并打通的进攻线路上当赛季分别收获了 21 粒和 22 粒进球，莫德里奇自己也打入 8 球。有趣的是，他的首粒入球出现在球队远赴温科夫齐（这里到波斯尼亚、塞尔维亚和匈牙利的距离都比到萨格勒布近）4 比 0 战胜施巴利亚的赛季揭幕战中，而第 8 球恰好是在赛季最后一场打进。

那是一场尤为特殊的比赛，萨格勒布迪纳摩主场迎战海杜克。此前迪纳摩已经提前获得了联赛冠军，能从一年前低谷中崛起、在永远的死敌面前以冠军身份结束这个赛季对主队而言可以说是再理想不过的场面了。这个赛季虽然萨格勒布迪纳摩成绩斐然，第一阶段两次对阵海杜克，他们主场 0 比 0 战平，客场 1 比 0 小胜，而争冠阶段的第一回合他们客场 0 比 1 输球，这让他们更想要在主场收官战扳回一城。没有欧战可打，国内杯赛又没能夺冠，萨格勒布迪纳摩整个赛季最光彩的时刻在最后一场联赛中降临，马克西米尔球场座无虚席，大战一触即发。

对曾经梦想穿上斯普利特海杜克的白球衣的莫德里奇而言，那场比赛毫无疑问是一次正名之战。几周前莫德里奇已经证明了自己不会被儿时的情感左右。2月萨格勒布迪纳摩在斯普利特1比0取胜的那场比赛是莫德里奇第一次身披蓝色战袍来到儿时梦寐以求想要效力的球场。他是全场表现最好的球员，利用禁区内的抢点攻破普莱蒂科萨的十指关，打入整场比赛的唯一进球。下半场他还差一点打入赛季最佳进球，要不是球门线上站着为克罗地亚国家队出战逾百场的国门，那记超远距离的凌空抽射会成为所有人津津乐道的经典。主场迎战海杜克是莫德里奇面临的又一次考验。他需要证明上一次在斯普利特挑战海杜克时候的精彩发挥并非偶然，正如这些年来他需要不停证明自己虽然看上去单薄却有巨大的天赋与潜力，几年前他被心仪的球队拒绝的时候也是这样一次次重新奋起继续享受足球，而当对于他能否适应职业足球的质疑袭来，他也是这样扛住了波斯尼亚联赛粗暴的球风。如果我们再想想他儿时经历过的战乱与人生动荡，就更加不会惊讶于他在职业生涯各个阶段展现出的钢铁般的意志力和决心。

这场收官战，莫德里奇只用了11分钟时间就再次面对海杜克首开纪录，进球和在斯普利特的那场十分相似：禁区里右脚抢点破门，普莱蒂科萨无力回天。击球力度之大可见他双腿的强大力量。进球后的莫德里奇发泄般的脱衣庆祝，用手甩着球衣向马克西米尔球场最死忠的“蓝色坏男孩”看台致意。在那一刻，卢卡·莫德里奇彻底攻陷了迪纳摩球迷的心房。而在对手阵中，几个月前还是迪纳摩希望之星的尼科·克拉尼察已经身披海杜克的白球衣，球迷始终没能原谅他的这次“投敌”。好在有来自达尔马提亚的新偶像让迪纳摩拥趸忘记克拉尼察的“背叛”，而且克拉尼察最终职业生涯也从来没能达到最开始人们期望的高度。

就这样，萨格拉布迪纳摩开启了他们在克罗地亚足球的统治时代。马米奇的雄心得以变成现实的那几年，教练席上却从来不得安生。2006—2007 赛季开始的时候，执掌球队的还是约西普·库泽，他们首先在克罗地亚超级杯的比赛当中 4 比 1 完胜里耶卡。当赛季联赛开始改制，取消争冠或保级的第二阶段联赛，改为三回合循环制。迪纳摩和海杜克很快在积分榜上遥遥领先其他球队。不过至少在马米奇眼里，欧洲战场才是萨格勒布迪纳摩是否真正统治了克罗地亚足坛的试金石。

早在 7 月，库泽率领的球队就在欧冠资格赛第二轮以总比分 9 比 3 的绝对优势（客场 4 比 1，主场 5 比 2）淘汰立陶宛的埃克拉纳斯队。但是紧接着就在最后一轮资格赛惨败，未能晋级欧冠正赛。温格坐镇、法布雷加斯和范佩西领军的阿森纳在马克西米尔球场 3 比 0 提前终结悬念，第二回合虽然爱德华多·达·席尔瓦打入一粒宝贵的客场进球，“枪手”还是 2 比 1 赢下比赛。可见，迪纳摩的水平距离欧洲顶级足球还相距甚远。

不过两回合的淘汰赛却让这支克罗地亚冠军球队中的几位成员进入了英超球队的视野。那个赛季之后，乔尔卢卡转会曼城，而在伦敦打入一球的爱德华多以不可小视的2400万欧元身价加盟阿森纳。莫德里奇还得再多等一年，虽然他也已经吸引了国外球队的注意，但是还需要更长的时间回应身体条件遭到的质疑。他必须继续证明自己。

被阿森纳淘汰无缘欧冠小组赛（而且输得彻彻底底）是库泽执教萨格勒布迪纳摩以来第一次重大挫败，前一个赛季国内杯赛的失利与之相比完全不算什么。这次挫败的后遗症一直延续到欧联杯正赛开始，面对法甲球队欧塞尔，迪纳摩主场1比2告负，客场也1比3输球。马米奇对库泽的信任感大幅下降，到了11月4日，球队在联赛中经历第一场失利，他们在篮球天才德拉岑·彼得洛维奇的家乡1比2输给了升班马希尼贝克。那场比赛中，莫德里奇上半场就用一记右脚劲射帮助球队取得领先，但是后防注意力不集中导致的两次失误给了对方爆冷翻盘的机会。赛后，迪纳摩被海杜克追平比分，两队并列榜首，虽然大部分球迷对库泽依然十分支持，他还是被俱乐部立即解雇了。

那场失利之后接任迪纳摩教练席的是布兰科·伊万科维奇，他刚刚结束在伊朗国家队成功的四年任期。从此萨格勒布迪纳摩在联赛中再未失一分，豪取20连胜，海杜克完全跟不上老对手的节奏，最终在积分榜上被甩开20分之多。两队在国内杯赛的半决赛上也狭路相逢，同样是萨格勒布迪纳摩笑到了最后（主场1比0，客场2比2，莫德里奇在比赛的最后15分钟里打入关键进球扳平比分）。决赛中伊万科维奇的球队两回合总比分2比1战胜了斯拉文贝鲁波队（主场1比0，客场1比1）夺冠。萨格勒布迪纳摩上一次捧回联赛、杯赛双冠王还要追溯到1997至1998赛季，当时俱乐部的名字还是萨格勒布克罗地亚队。对爱德华多而言，那是疯狂的几个月，他是全队的最佳射手，在联赛中打入34球（场均进球超过一个），各项赛事共计47球。而莫德里奇又驾轻就熟地担当起球队的绝对领袖。伊万科维奇对此赞叹不已："他虽然年轻，却拥有出众的技术和理智的头脑，精力也十分旺盛。他与众不同，踢球的时候充满斗志和野心，想要每天都取得提高，为球队做出非常巨大的贡献，求胜心极强，渴望胜利，每场比赛都激情投入。我当时就很清楚他完全拥有可以效力大球队的意志力和个性。"

萨格勒布迪纳摩的10号一天天展现出远高于联赛中其他球员的水平。但是想要跻身世界顶级足坛，想要登陆伦敦，他还得继续等待。想要买他的欧洲球队并不少，比如德国世界杯前就已经有德甲球队前来求购。首先是云达不来梅报价600万欧元，马米奇直接一口回绝，他知道很快就会有更高的报价。也有传言说拜仁想要引进莫德里奇。等到世界杯后季前热身开始以后，来自东欧的一通电话让马米奇开始盘算是否时机已到可以放走自己手中最璀璨的新星。顿涅茨克矿工队报价2000万欧元求购莫德里奇。这家出身卑微的俱乐部在21世纪初依靠石油美元一举成为千万富翁。克罗地亚队的前辈斯尔纳和普莱蒂科萨都曾在2003年效力于此。2000万的价格已经开始接近马米奇心中为莫德里奇设定的身价。深思熟虑之后，马米奇决定让球员自己决定。当时莫德里奇正在投入地玩PlayStation游戏，马米奇打断他问道："卢卡，顿涅茨克出了大钱想要买你。你想去乌克兰吗？"莫德里奇想都没想就断然拒绝："不去。只有大联赛的球队来要我，我才离开迪纳摩。"英超、西甲、意甲或者德甲，莫德里奇心中的下一站只会是欧洲最好的联赛，乌克兰人虽然能够开出高薪，却没什么体育竞技上的野心和实力。一个足球场上的浪漫主义者。

2007—2008赛季之初的迪纳摩面貌一新。乔尔卢卡和爱德华多转会去了英超，左兰·马米奇在双冠王后退役，不变的是教练席上依然坐着布兰科·伊万科维奇。球队为了填补最佳射手离队而买来的新前锋是个21岁的瘦高个儿，来自萨格勒布NK队，名叫马里奥·曼朱基奇。当时他刚崭露头角，还不太有人想到几年后他将成为欧洲最好的前锋之一。在中场伴随莫德里奇左右的是慢慢成长起来的武科耶维奇和若热·萨米尔。萨米尔是前一个赛季从圣卡埃塔诺转会而来，由于和左兰·马米奇位置重合此前没有得到太多上场机会。新赛季球队的表现与前一个赛季相仿，在主教练伊万科维奇的记忆里，那是一个充满挑战又令人骄傲的赛季，球队中不少潜力巨大的天才球员后来都登上了国际舞台。

萨格勒布迪纳摩连续第二个赛季横扫联赛战场，占据绝对的霸主地位，其中曾经在 8 场连胜中斩获 29 粒进球。真正的挑战依旧是欧战，他们希望这一次可以圆梦欧冠小组赛正赛。资格赛第一轮他们的对手是来自阿塞拜疆的哈扎尔利高伦俱乐部。比赛的艰难程度出乎意料。双方在巴库战成 1 比 1 平，回到马克西米尔球场，伊万科维奇的球队一度落后，全靠曼朱基奇的梅开二度和约西普·塔迪奇的制胜球才在加时赛中 3 比 1 取胜晋级。8 月，资格赛第二轮重燃战火，对手是斯洛文尼亚的多姆扎莱俱乐部，阵中的达里奥·扎奥拉曾经效力过迪纳摩。第一回合多姆扎莱在主场 1 比 2 落败，回到马克西米尔球场，达里奥面对老东家打入一球，不过萨格勒布迪纳摩还是主场 3 比 1 取胜。回想起来，达里奥·扎奥拉表示当场比赛给他印象最深的就是那时候已经戴上了萨格勒布迪纳摩队长袖标的莫德里奇："他表现太好了，自信满满，是毫无疑问的领袖。我记得第一回合踢完以后，我们球队里有人跟我说，迪纳摩不愧是强队，莫德里奇很明显是最厉害的，他完全有潜力去更高一级别的球队。第一回合比赛他进了球，当时比分变成了 2 比 0，基本上就把我们提前淘汰了。"

不过虽然莫德里奇当时已经进入克罗地亚国家队并且参加了 2006 年世界杯，但他在世界杯上的出场时间有限，还是需要更多的时间和机遇才能得到大联赛球队的青睐。云达不来梅的报价没什么参考价值，马米奇无论如何也不会600万将他售出。而前往乌克兰踢球显然不在莫德里奇的近期计划中。

恐怕能够让莫德里奇进入国际视野最好的机会就是率领球队打入欧冠正赛了。此时的他们比上一年距离欧冠小组赛又近了一步，只差一轮资格赛了。最后一轮资格赛，仿佛命运的捉弄，迪纳摩的对手恰恰是云达不来梅。很快人们就看出这次的比赛和上一年对阵阿森纳的时候截然不同。迪纳摩更加成熟，也更有能力奉献惊喜，第一回合赛前发布会上伊万科维奇也特地指出这一点："我们到不莱梅来是为了留下尽可能最好的印象，取得最好的结果。我们知道云达不来梅是一直强大的球队，但是足球场上并不总是整体实力更强的球队取胜，我们想要成为临场发挥更好的那支球队。"他还在发布会上针对莫德里奇和不莱梅的当家球星巴西人迭戈之间的比较做了一番大胆的发言。多年后在他的记忆里自己当时说的是"卢卡比迭戈更优秀，他会成为世界上最好的球员之一"，实际上他的原话是："没错，莫德里奇（比迭戈）更厉害。实际上我觉得他是世界上最好的五个中场球员之一。"后来的比赛证明，这句话仅仅是对那些怀疑者的一句提前警告。

第一回合上半场，德国人在自己的主场威悉球场完全被远道而来的萨格勒布迪纳摩压制了。莫德里奇和萨米尔两人大闹天宫一般搅得对方手忙脚乱，不仅互相创造机会，还给博斯科·巴拉班送出两三个几乎必进的机会。最终，萨米尔发起进攻，曼朱基奇的助攻，巴拉班在中场休息前破门。正是这样的比赛让巴西人萨米尔很清楚地体会到在一个像莫德里奇这样的球员身边开始自己的欧洲足球生涯有多重要：“我开始在萨格勒布踢球的时候非常年轻，卢卡已经在球队待了几年了，他如鱼得水，我适应得比较慢。我们之间关系很好，所以在场上也配合默契。”在德国人地盘上行云流水的 45 分钟比赛完美地展现了两人之间的默契。然而下半场刚开始第一分钟，迪纳摩的一连串失误给了葡萄牙人乌戈·阿尔梅达扳平比分的机会。克罗地亚人没有就此服软，莫德里奇表现依旧抢眼，多次逼近进球，可惜最后丹麦人杨森的一脚超级远射让伊万科维奇的球队只能带着 1 比 2 的比分抱憾回家。

第二回合较量时的紧张气氛唯有伟大的欧冠之夜才能造就。迪纳摩在总比分上仅一球落后，马克西米尔的主场球迷期待着大翻盘，不停鼓舞球队为了俱乐部的古老荣光而战。球场上，一场鏖战上演，挪威主裁甚至不得不判罚了三次点球。莫德里奇和迭戈再次成为双方阵中最亮眼的明星，两人都铆足劲在攻防转换间拼尽全力。双方最终战成 2 比 2 平，莫德里奇上半场罚进一粒点球，下半场过半的时候，迭戈也利用点球的机会扳回一城。但是，就这样，8 月尚未结束，萨格勒布迪纳摩又一次失去了征战欧冠的机会，虽然他们在国内联赛中一统江湖，质疑声还是一浪高过一浪。马米奇已经将准星对上了伊万科维奇，欧联杯是他保住帅位的最后机会，可是资格赛最后一轮抽签却给了迪纳摩最麻烦的对手：阿贾克斯。

面对这支历史悠久的荷甲劲旅，莫德里奇率领的球队再次展现出了不断增强的实力。在萨格勒布0比1主场落败之后，俱乐部的气氛接近爆点，关于主教练即将下课的传言不断，马米奇在发布会上面对多家媒体的随队记者并未否认他正在寻找继任者，意大利人内维奥·斯卡拉的名字开始在坊间流传。在这样复杂的舆论环境里，莫德里奇必须继续努力修筑自己通往世界顶级足坛的道路。第二回合，客场挑战拥有苏亚雷斯、亨特拉尔、海廷加、斯塔姆和斯特克伦堡的阿贾克斯，萨格勒布迪纳摩将重重疑云抛在脑后，踢出了一场精彩的比赛。队长莫德里奇扛起反扑的大旗，在上半场过半的时候罚进一粒无可争议的点球，为自己的球队首开纪录。易边再战，苏亚雷斯和亨特拉尔都有扳平比分的机会，莫德里奇在第88分钟的灵光一现差一点决定比赛结果，他在对方禁区过掉对方三名防守队员，但是射门被斯特克伦堡神勇扑出。比赛被拖入加时。加时赛上半场，曼朱基奇展现出了他成为欧洲大陆最佳前锋的潜力，头顶脚踢梅开二度，迪纳摩三球领先，看台上的荷兰主场球迷开始提前退场。虽然阿贾克斯奋力反击，亨特拉尔连入两球，在最后时刻将比分扳成2比3，迪纳摩还是取得了俱乐部近年来最具历史性的胜利，青年军已经迅速成长为一支成熟的队伍，教练也有理由相信自己的帅位危机已经过去。

然而，正如伊万科维奇所言，“欧洲赛场是马米奇的执念，他希望到了春天还能看见球队征战欧洲”，萨格勒布迪纳摩上一次从欧洲赛场小组赛中脱颖而出还要追溯到1967年，他们在国际城市博览会杯（欧联杯的前身）决赛中战胜英国的利兹联队，夺得了迄今为止俱乐部历史上唯一一座洲际冠军奖杯。这个赛季，联赛已经基本是囊中之物，马米奇给球队设定的目标就是在欧联杯中更进一步。小组赛他们与德国的汉堡队、挪威的卑尔根队、法国的雷恩队以及瑞士的巴塞尔队同分一组，赛制是单循环。分组形势看起来不差，迪纳摩却没有通过考验，两负两平没能进入十六强。主场0比2输给汉堡的比赛几乎宣告欧洲梦再次破灭，马米奇已经处在解雇伊万科维奇的边缘。紧接着，在水深火热的同一周里，联赛中他们又离奇地2比5不敌斯拉文贝鲁波，莫德里奇缺阵，球队上半场还没结束就已经溃不成军。这场比赛之后，马米奇立刻解雇了伊万科维奇，两人的关系在过去的一段时间早已恶化。伊万科维奇下课的时候，迪纳摩在克罗地亚国内联赛中稳居榜首，甩开第二名的里耶卡12分之多，但是欧洲之旅即将又一次提前终结。在他的任期内，迪纳摩拿到了联赛全部积分的93.6%，但显然对于野心勃勃的马米奇来说，这些都不足够。

接替伊万科维奇的是球员时代曾经效力迪纳摩的兹沃尼米尔·索尔多，他也是克罗地亚1998年世界杯阵容里的中场球员。最终那个赛季萨格勒布迪纳摩以28分的优势蝉联联赛冠军，在克罗地亚杯中也卫冕成功，决赛面对海杜克，他们第一回合就在马克西米尔球场以3比0完胜几乎终结悬念（第二回合0比0）。那个赛季莫德里奇的进球数超过了此前任何一年，作为前腰他打入了13粒进球，帮助球队再次取得双冠王之后，他知道这会是自己在克罗地亚国内足坛的最后两个奖杯了，欧洲顶级联赛的大门已经向他敞开。

2008年4月26日，托特纳姆热刺官宣莫德里奇加盟。他作为萨格勒布迪纳摩队长的表现，以及在克罗地亚对阵英格兰的国家队比赛中的发挥，早已吸引了来自英国足球的关注。冬天的时候，切尔西已经开始反复“骚扰”马米奇，阿布甚至派出自己的私人飞机把马米奇接到伦敦来面谈。不过克罗地亚人的强硬态度（有时候连莫德里奇都对马米奇的这一点稍有微词）导致双方并未达成任何协议。到了4月，又有几家俱乐部加入了为莫德里奇竞价的争夺中。据说巴萨也有意向，但是最理想的选择还是来自英超。曼城、切尔西和纽卡斯尔都曾经无限接近签下他，最终却是托特纳姆热刺在主教练胡安德·拉莫斯的坚持下报出了最高的价格，最终支付的转会费在1800万至2000万英镑之间。当时的热刺求贤若渴，希望引进新鲜力量来提高球队在前场进攻中的传控能力，他们相信只有这样才能让俱乐部真正跻身英超最强队的行列。

2007年，为热刺负责意大利和巴尔干地区的球探里卡多·佩奇尼发现了莫德里奇。不过到了2008年4月，纽卡斯尔和曼城却在商谈中抢占了先机。马米奇还接到过来自意甲的电话。热刺的足球总监达米安·科莫利心急如焚，有天早上在俱乐部停车场截住老板列维说：“我们不能再等了，再等可能就没了。我们要是最近这两天不把他签下来，这一年的努力就白费了，他就要去别的队了。”列维的回应十分迅速，他立刻拎上包乘坐私人飞机前往萨格勒布，第二天凌晨三点，他打电话给科莫利，说出了电话两端都最想听到的那句话：“我们拿下莫德里奇了。”

这个从巴尔干半岛硝烟里走出的孩子即将迈出通往国际足坛的第一步。正如布兰科·伊万科维奇所言：“莫德里奇在那一年里成长为克罗地亚最优秀的球员，而且已经展现出他有潜力成为这个国家历史上最好的足球运动员。”

第九章

从“巴尔干的克鲁伊夫”到“卢卡·莫德里奇”

2008年6月20日，维也纳的恩斯特·哈佩尔球场，夜里11点刚过。卢卡·莫德里奇走上点球点。这场点球大战将决定第二支晋级欧洲杯半决赛的球队（此前德国非常艰难地以3比2战胜斯科拉里和克里斯蒂亚诺·罗纳尔多的葡萄牙），莫德里奇是第一个点球手。可是这场比赛本来根本不该被拖入点球大战。

莫德里奇抬起头看向土耳其的门将鲁斯图·雷茨贝尔。两人刚刚在一次几乎决定比赛结果的进攻中打过照面——克罗地亚差一点就能直接获得四强门票去再战德国，要知道在小组赛阶段他们已经胜过一次日耳曼战车了。那是加时赛的第29分钟，比分还是0比0。土耳其虽然曾经在2002年世界杯上取得过季军的佳绩，这次却是伤兵满营大将缺战。尽管如此，整场四分之一决赛，土耳其人完全压制住了克罗地亚的灵动和天赋。时间所剩无几，莫德里奇追着一个没什么特别威胁的传球来到对方禁区，想要避免球出界，土耳其门将却做出了自己职业生涯中最糟糕的决定：沿着与底线平行的路线出击。身披 14 号球衣的莫德里奇位置更好而且速度也比鲁斯图快，因而抢先触到皮球，土耳其门将这才意识到自己的大错，城门洞开，他赶紧回撤，却孤立无援。由于视角的限制，莫德里奇当时并没有注意到对方门将的失误，只是迅速转身在对方两名后卫的逼抢之下出脚将球吊入小禁区。完美的传中，拿捏得当，仿佛他受过奥林匹斯山神明的点拨背后也长了眼睛。皮球精准地落在了整届杯赛"格子军团"的英雄伊万·克拉什尼奇头顶。克拉什尼奇扛住上来防守的格克汉完成了高难度的破门，鲁莽出击的鲁斯图全速回跑也无力回天。

小组赛最后一场对战波兰的比赛中也是克拉什尼奇打入制胜球。此时此刻，不到一年前刚接受过肾移植的他又在莫德里奇巧妙的助攻下用一记头球将克罗地亚送进欧洲杯半决赛，一切如童话故事一般美妙。那已经是加时赛的第 29 分钟了，克罗地亚人疯狂庆祝，球队晋级四强已无悬念。没有什么能阻挡 2008 年的克罗地亚企及十年前苏克和博班领衔的国家队（后防大将正是粗犷的比利奇）在法国世界杯上到过的高度。这支年轻的队伍注定要被载入史册。克拉什尼奇进球后，克罗地亚全队上下——从爱好摇滚的主教练比利奇到场上场下的球员——

都紧紧抱在一起。只需要再坚持一分钟。

十分钟之后，卢卡·莫德里奇却站在鲁斯图面前，准备罚出第一球，开启克罗地亚足球史上最伤痛的点球大战。发生了什么？意大利主裁罗塞蒂为加时赛补时了一分钟，土耳其人依然充满信心，而觉得大功告成的克罗地亚人过于自信了。赛后比利奇承认："我们当时以为已经没悬念了。"面对一路克服种种伤病坚韧不屈的土耳其人，提前放松的克罗地亚犯下了不可原谅的错误。第121分钟，阿塔图克子民的最后一次机会，高球吊入克罗地亚禁区寻找一个奇迹。接下来的混乱如同中邪，无人抢到的皮球在点球点附近触地反弹，森图尔克左脚拼死一射，皮球从斯蒂佩·普莱蒂科萨右侧入网，写就足球史上的又一篇传奇。逆转的史诗成为现实，土耳其人耗尽两个小时终于在完场哨响前最后一分钟取得了扳平比分的进球。点球大战不可避免，克罗地亚士气大挫，晋级半决赛的希望正从球场的下水道里溜走。四分之一决赛中土耳其已经在0比2落后捷克的情况下15分钟内连进两球，尼哈特在第87分钟扳平比分之后又在第89分钟再下一城反超。这一次他们想要重演奇迹。而克罗地亚这一边，主教练比利奇不停向主裁罗塞蒂以及第四官员梅胡托·冈萨雷斯抗议最后补时的一分钟，但已经于事无补。从那一刻起，幸运女神已经不在克罗地亚人这一边。

让我们回到点球点上，克罗地亚的厄运正要开始。莫德里奇站的地方恰恰是他这届杯赛上为球队打入第一球的地方，小组赛首场对阵东道主之一的奥地利，一粒点球让球队1比0小胜，他们也一路走到四分之一决赛。同一座球场，同一个球门，同样的射门动作：三米助跑，朝向守门员的左侧。结果却截然相反。小组赛时莫德里奇的点球击败了尤尔根·马乔，这一次，皮球却飞了出去。卢卡狠狠地把头发拽到耳后，像是自我惩罚。紧接着，虽然斯蒂佩·普莱蒂科萨判断对了方向，毛头小子阿尔达·图兰的点球还是命中，土耳其领先。对克罗地亚而言，这是最后终结的开始。拉基蒂奇和佩特里奇也相继罚失，森图尔克和阿尔滕托普毫不留情。没有人能相信眼前的一切，比赛进行到第120分钟时还手握四强席位的克罗地亚被淘汰出局。毫无疑问，这是莫德里奇在国家队最噩梦般的时刻，但也给他上了必要的一课。曾任克罗地亚足协技术总监的约扎卡回忆说："有时候失败也不是坏事，你才能认清自己并且变得更强大。"

莫德里奇的欧洲杯之旅以最残酷的方式结束了。但是那个夏天，克罗地亚队在这位热刺明星新援的指挥棒下向整个欧洲展现了一种勇敢无畏的足球，正如最终率领西班牙夺冠的哈维，莫德里奇也是一个有大智慧的小个子。他的克罗地亚队以不败战绩小组出线，尤其是2比1战胜德国的那场比赛，莫德里奇的灵动和跑位让德国人只能跟在球后面疲于奔命。小组赛最后一场克罗地亚替补阵容出战依旧1比0战胜波兰。梦幻般的开局。主教练比利奇还做出了不同寻常的安排，允许球员的女友和妻子入住球队大本营附近的酒店，因为"小伙子们空闲时间想做什么是他们的事”。然而仿佛胜券在握的一届大赛，最终却是以噩梦做结。

痛苦撕心裂肺。这支全新的克罗地亚，莫德里奇的克罗地亚，距离爆冷挺进半决赛、获得一个实至名归的四强席位只有一步之遥。莫德里奇在赛事结束后入选欧足联评选的最佳十一人阵容，但这也算不上安慰。

克罗地亚在2008年欧洲杯的预选赛中是和英格兰、俄罗斯、以色列、马其顿、爱沙尼亚以及安道尔分在一组。这也是莫德里奇的职业生涯开始起飞的时刻，他们的晋级之路步步坚决，小组第一，仅输一场（0比2负于马其顿）。最令人铭记的当属双杀英格兰的两场比赛。在这两场比赛中，莫德里奇都是当之无愧的统帅。

第一场是2006年10月11日，克罗地亚在主场2比0完胜英格兰，第62分钟爱德华多·达·席尔瓦先下一城，6分钟后，发生了足球史上最滑稽的失球之一。当时英格兰人正在迫切地寻求扳平比分的机会，加里·内维尔一次无伤大雅的回传球，守门员罗宾逊却把大脚开空。哪怕在繁复冗长的英格兰国家队历史上这也能算得上最荒谬的一幕了。那场失利将主教练麦克阿伦钉在了耻辱柱上，守门员更是难辞其咎，英格兰的毒舌媒体恨不得将他生吞活剥，嘲弄他是“罗宾逊太太”，或者把他的姓氏开头两个字母与“垃圾”（Rubbish）一词合成起来给他起了Robbish的绰号。那一天同时发生了两件仿佛命运捉弄的事。其一，是当值主裁正是后来在维也纳之夜补时一分钟的意大利人罗塞蒂；其二，是西班牙0比2不敌瑞典，阿拉贡内斯的帅位和英格兰人一样摇摇欲坠，西班牙差一点没能从预选赛中突围。

一年后，2007年11月21日，在无与伦比的新温布利大球场，英格兰主场迎战克罗地亚。这是预选赛的最后一场，此前仅仅在马其顿马失前蹄输了一场的克罗地亚人已经拿到晋级决赛圈的入场券，而由于几天前俄罗斯击败了以色列，英格兰队只需要一场平局亦可出线无虞。相比上次交手英格兰发生了不少变化，罗宾逊不再是首发门将，贝克汉姆又回到阵中。只要俄罗斯顺利战胜安道尔（几乎没有悬念）、克罗地亚在温布利不要全取三分，“三狮军团”还是可以搭上前往奥地利和瑞士的末班车。

然而比赛开始没多久，英格兰人就感觉回到了一年前的梦魇里。第8分钟，尼科·克拉尼察一脚远射，主队22岁的年轻门将斯科特·卡森跪地扑救漏球，克罗地亚1比0领先。英格兰还没来得及消化这次重击，第14分钟，奥利奇接到爱德华多的精彩助攻，带球蹚过可怜的门将再下一城。温布利球场呆若木鸡。此后克罗地亚还有好几次破门良机，不过英格兰也在贝克汉姆上场之后重整旗鼓。首先是兰帕德点球命中，紧接着已经进入职业生涯暮年、效力洛杉矶银河的贝克汉姆助攻克劳奇扳平比分，“三狮军团”暂时又获得了一线生机。易边再战之后，命运却再度翻转。佩特里奇在第 77 分钟的左脚远距离轰门击垮了卡森，2 比 3 的比分保持到了终场，同时希丁克率领的俄罗斯 1 比 0 小胜安道尔，英格兰耻辱出局，无缘欧洲杯决赛圈。麦克阿伦下课，卡佩罗入主。这场比赛后，英格兰门将成了众矢之的，不过克罗地亚主教练比利奇在采访中表示不能把所有责任都推给这位当时效力阿斯顿维拉的球员："就像在萨格勒布那场比赛中的罗宾逊，所有人都指责他，可是他其实是那天场上最好的英格兰球员之一。卡森在今晚这场比赛中也是一样。"的确，要是没有卡森，这场比赛英格兰可能以更大比分落败，但是无论怎样说，都已经无济于事。英格兰只好开始启动他们的第若干次复兴计划。而同样也在前一年的 10 月遭遇滑铁卢岌岌可危的西班牙国家队恰恰也是在这一天 1 比 0 击败北爱尔兰顺利出线，由此开启了现代足球史上的黄金一代，阿拉贡内斯和博斯克率领西班牙国家队连续拿下两届欧洲杯和一届世界杯冠军，成就前无古人的"三连冠"。

对阵英格兰的两场胜利让比利奇率领的克罗地亚真正成了万众瞩目的焦点。一直被热刺密切追踪关注的莫德里奇在温布利大球场证明了体格绝不会成为他进军英超的障碍。在与杰拉德、兰帕德或贝克汉姆的较量中莫德里奇完全不落下风。这让热刺最终决定买下他。当时热刺的主教练胡安德 · 拉莫斯回忆说，"我一直在和俱乐部说有这样一个球员，但是他太年轻了，俱乐部还是犹犹豫豫不知道他能不能在英超这样对身体要球极高的地方踢出来，但是那场比赛让所有人真正认识了他，俱乐部亲眼看到了他的能力。克罗地亚完全压制了英格兰，他是那天温布利最耀眼的球员。从那时起，热刺终于开始积极讨论引进他这件事。”对这位萨格勒布迪纳摩的当家球员来说，最终是他在国家队的精彩表现为打开了通往国际足坛的大门。

莫德里奇的成年国家队之旅始于2006年3月1日瑞士巴塞尔的圣雅各布公园球场，克罗地亚和阿根廷为了备战德国世界杯在此举行了一场友谊赛。由克兰杰卡挂帅的克罗地亚国家队在五个月前已经从一个包括瑞典、保加利亚和匈牙利等劲敌的小组以第一的成绩晋级世界杯决赛圈。对阵阿根廷的友谊赛，看台上能看见不少克罗地亚球迷的身影，毕竟瑞士全境有将近40000克罗地亚移民。莫德里奇清楚地记得那次集训，和他住同屋的是同样第一次进国家队的好朋友马里杰·布尔贾特。两人相识于在扎达尔躲避战火的童年时代，莫德里奇6岁，布尔贾特10岁。而今，他们身披格子战袍在同一天并肩完成国家队处子秀。莫德里奇还记得那次集训时两人的彻夜长谈，他们如何回忆起1991年至1992年的扎达尔，如何说起在那之后彼此走过的路。

那天的比赛莫德里奇踢了89分钟，在中场肩负重任，不过倒不是像几个月后那样为球队的进攻输送炮弹，而是在左肋协助队友防守一个长发的18岁少年：里奥·梅西。当时的梅西已经是佩克尔曼执掌、里克尔梅指挥的阿根廷队内的明珠。虽然莫德里奇没有机会深入前场进攻，但他刚开场时的带球却改变了比赛的走向。第2分钟对方对莫德里奇犯规造就了比赛的第一个进球，伊万·克拉什尼奇抓住阿根廷守门员阿邦丹谢里和当时效力国际米兰的布尔迪索的一连串失误破门得分。

仅仅100秒之后，特维斯就扳平了比分，到了第6分钟，梅西用标志性的左脚反超了比分。不过克罗地亚依靠队内身体最强壮的达里奥·斯尔纳的一记头球再度扳平比分，补时阶段，西米奇的射门打在坎比亚索背上应声入网，克罗地亚球员聚集在球场中央庆祝，并向看台上的同胞致意，毕竟击败阿根廷不是随随便便就能发生的事。莫德里奇被伊万·莱科替换下场的时候场上比分还是2比2平。他在球迷的掌声中向场下走去的时候，斯尔纳特地跑过来亲切地拥抱了他。高大的右边后卫想借此祝贺小伙子完成精彩首秀，也是想表达“卢卡，欢迎来到你的球队”。从第一刻起，斯尔纳就明白莫德里奇的加入对于克罗地亚国家队而言意味着什么。

那一天，莫德里奇终于像他儿时的偶像博班那样穿上了国家队的格子衫。赛后发生了一件奇妙的事。一个瑞士球迷塞给他一件橙色的14号球衣。那是一件荷兰队的球衫，而这个号码只可能意味着一个名字：约翰·克鲁伊夫。这个不知名的球迷希望卢卡留下这件球衣当作护身符，因为他觉得莫德里奇的体格与外表像极了20世纪70年代荷兰足球的教父。这段小插曲让年轻的莫德里奇印象深刻，他确实自从在萨格勒布迪纳摩青训营的时代就经常令人联想起克鲁伊夫，多年后整个欧洲足坛都知道了有一个“巴尔干的克鲁伊夫”。不过莫德里奇在那场对阵阿根廷的友谊赛首秀中穿上14号球衣完全是个意外，毕竟他在俱乐部一直是穿10号球衣的。在接受《世界体育报》的采访时，莫德里奇坦言“当时我是新人，只剩下这个号码没人用了”。从那天开始，克鲁伊夫的号码在克罗地亚队有了年轻的主人，此后的几年，只要大名单里还有尼科·科瓦奇，莫德里奇就一直身披14号球衣。2009年2月11日，在克罗地亚客场2比1战胜罗马尼亚的友谊赛中，莫德里奇第一次穿上了格子军团的10号球衣。2010年世界杯预选赛最后一场乌克兰对阵克罗地亚的比赛之后，科瓦奇宣布退出国家队，莫德里奇正式继承了老队长的号码。从此，“巴尔干的克鲁伊夫”成长为克罗地亚的莫德里奇。这个国家拥有了绿茵场上新的王者。

回到2006年莫德里奇的第一次世界杯之旅。“格子军团”的首场比赛是在柏林奥林匹克体育场挑战佩雷拉执教的巴西。最终中场休息前卡卡的进球让巴西人1比0带走胜利。莫德里奇的世界杯首秀在五天后到来。2006年6月18日，他在终场前7分钟替补尼科·克拉尼察（他是主教练天赋异禀的儿子）登场。比赛的结果是令人沮丧的0比0，这场平局使得克罗地亚必须在小组赛最后一场对阵希丁克执教的澳大利亚时背水一战。澳大利亚此前战胜日本、负于巴西，最后一场只需平局即可出线。而克罗地亚人在经历了1998年世界杯第三名的历史性突破之后，

2002年世界杯和2004年欧洲杯都是小组赛阶段即遭淘汰。所以此番对阵澳大利亚的比赛尤为重要。

虽然2006年世界杯对于新一代克罗地亚队中的许多球员来说都是第一届大赛，而澳大利亚有不少在英超效力的球员（科威尔、卡希尔还有克罗地亚裔的维杜卡是最有名的几位），赛前的预测中克罗地亚还是很有出线希望的。两国也颇有渊源，19世纪开始的掘金热中有无数克罗地亚人（主要来自达尔马提亚地区）前往澳大利亚并在那里定居。2006年6月22日这一天，澳大利亚和克罗地亚要为晋级世界杯淘汰赛而战，也称得上是21世纪的又一场“掘金”了。

比赛在斯图加特举行，斯尔纳的一记任意球帮助克罗地亚取得领先，但是澳大利亚人很快扳平比分：西米奇对卡希尔一次不必要的犯规，主裁吹罚点球，克雷格·摩尔一蹴而就。尼科·科瓦奇利用澳大利亚门将泽尔科·卡拉奇（这位身高2.02米的门将生长于悉尼的克罗地亚社区）的失误为克罗地亚再次取得领先。第74分钟，主教练克拉尼察将莫德里奇派上场，希望他能用自己超群的控球能力为球队赢得主动，因为自从克罗地亚再度领先之后，澳大利亚人大举压上全面占优只缺一个扳平的进球。然而，仅仅5分钟之后，科威尔在小禁区里抢得头球，攻破普莱蒂科萨镇守的大门，扳平了比分。从那时起直到完场，比赛本身乏善可陈，当值主裁、英国人波尔成了主角，他连续将克罗地亚的西米奇、西穆尼奇以及澳大利亚的埃默顿罚出场外。

卡希尔将那场比赛称为自己国家的足球史上最梦幻的时刻，毕竟澳大利亚很少能在足球场上体会到这样巨大的快乐。而对莫德里奇而言，那场结局苦涩的比赛毫无疑问是他跟随国家队体会到的第一次巨大挫败。两个月后，在2006年8月16日2比0战胜意大利的比赛中，沮丧的莫德里奇得到了一个小小的抚慰：他的国家队首球。不过，莫德里奇的国家队生涯确实绝非一帆风顺，克罗地亚是个只有400万人口的国家，通常来说很难真的跻身世界足球大国的行列，然而这又是一个天才辈出的国家，这让他们总是能够在顶尖舞台上闪光。

克罗地亚队在马克西米球场的主场战绩尤为傲人。从1994年到2015年他们从未在主场输过任何一场欧洲杯预选赛，世界杯预选赛也仅仅输过三次。他们首次在世界杯预选赛中主场失利就来得甚是惨痛，那是在2010年南非世界杯预选赛期间，卡佩罗率领的英格兰队在萨格勒布4比1战胜克罗地亚，报了十个月前双方对垒的一箭之仇。一年之后，克罗地亚再度造访温布利大球场。莫德里奇因为2009—2010赛季初的腓骨骨折缺席。巴尔干人被卡佩罗玩弄于股掌之间，最终1比5惨败。两年前克罗地亚在同一座球场浇灭了英格兰晋级欧洲杯决赛圈的希望，而此时他们的命运完全交在了对方手中。后来，已经确保出线的“三狮军团”在基辅0比1输球，将另一个出线名额送给了乌克兰，正要进入成熟期的克罗地亚“黄金一代”被挡在了南非世界杯决赛圈的门外。对2008年欧洲杯上曾经大放异彩的克罗地亚而言，这无疑是意料之外的当头一棒，甚至连主教练比利奇的帅位都岌岌可危，最终他还是留任至2012年欧洲杯。克罗地亚原本和匈牙利一起申办了2012年欧洲杯，然而由于匈牙利民众对申办支持寥寥，克罗地亚球迷又发生过一些与政治诉求相关的事件，欧足联最终将主办权交给了波兰和乌克兰。

尽管分组时看起来抽了个好签——同组有希腊、以色列、拉脱维亚、格鲁吉亚和马耳他——但克罗地亚晋级2012年欧洲杯决赛圈并不容易。预选赛刚开始，他们就在格鲁吉亚首都第比利斯爆冷输球，科比亚什维利在第90分钟为主队赢得胜利。几个月后格鲁吉亚还差点在斯普利特给克罗地亚造成更大的麻烦，第75分钟时波尔尤德球场的记分牌竟然赫然写着0比1。好在曼朱基奇和卡利尼奇在疯狂的100秒内各入一球，终于让一切走回正轨。此后的比赛中，克罗地亚和希腊很快在小组中遥遥领先。在两强之间的直接对话中，希腊在马克西米尔球场逼平克罗地亚，回到主场则2比0取胜，因此获得小组头名直接出线。而屈居第二的克罗地亚不得不去打附加赛。附加赛的对手更是勾起了他们痛苦的记忆：土耳其。

三年之前，正是土耳其抢走了克罗地亚几乎到手的欧洲杯半决赛入场券。而且，如今他们的教练席上坐着希丁克，正是2006年世界杯上澳大利亚的主帅。新仇旧恨叠加，克罗地亚在伊斯坦布尔的第一回合中完全压制了对手。开场仅两分钟，莫德里奇从左侧突进，帮助奥利奇首开纪录，紧接着莫德里奇又助攻曼朱基奇扩大比分，最终乔尔卢卡完成了这场3比0的胜利。第二回合在马克西米尔双方0比0握手言和，克罗地亚完成了对2008年噩梦之夜的复仇，而那届杯赛打入四强的土耳其甚至没能进入2012年欧洲杯的决赛圈。

克罗地亚在2012年欧洲杯上与后来的冠亚军西班牙、意大利同分一组，唯一可以真正一战的只有爱尔兰。赛事开始前，比利奇已经宣布将在欧洲杯结束后离任前往莫斯科火车头队执教。缺席2010年世界杯成为比利奇与本国媒体关系恶化的开端，当时他就表示2012年欧洲杯将成为他执教国家队的终点。在这样的心境下，克罗地亚开始了欧洲杯之旅。首战在波兹南对阵老帅特拉帕托尼执掌的洪水猛兽一般的爱尔兰。克罗地亚方面，奥利奇因伤缺席了整届杯赛。不过整个欧洲的目光都落在了克罗地亚最强大的武器身上：卢卡·莫德里奇已经成为英格兰和西班牙的大俱乐部竞相追逐的目标。当时刚刚当上克罗地亚足协主席没多久的苏克就在接受西班牙媒体《马卡报》采访时表示："他特别适合成为皇马的球员。可惜我不是穆里尼奥。要是他不来皇马，他就会去曼联或者切尔西。得让他离开热刺，他需要赢奖杯。"

在西班牙，穆里尼奥正在考虑加强皇马的中场，最开始跳入人们视野的名字是费莱尼和哈维·马丁内斯。不过莫德里奇很快成了首选。在克罗地亚3比1完胜爱尔兰的比赛中，莫德里奇是当之无愧的核心。那场比赛克罗地亚赢得颇为轻松，耶拉维奇打入一球，另外两球都由总是不服管的曼朱基奇（他当时的俱乐部沃尔夫斯堡主教练费利克斯·马加特对他的个性厌恶至极）包办。四天后，在对阵意大利的比赛中，天才皮尔洛用一记精妙的任意球首开纪录，但是整个下半场，莫德里奇在与皮尔洛的同场较量中丝毫不落下风，曼朱基奇因而抓住机会扳平比分，为克罗地亚抢下宝贵的一分。两场比赛后积4分的球队出线希望很大，坐满波兹南一整面看台的克罗地亚球迷有足够的理由庆祝。

克罗地亚球迷绝非盲目乐观，在逼平意大利之后，克罗地亚和西班牙在最后一轮直接对决前同积4分位列积分榜前两名，而这个剧情对意大利而言有点过于熟悉。2004年欧洲杯小组赛最后一轮，瑞典和丹麦2比2战平携手出线，意大利被迫出局，当时的主教练正是特拉帕托尼。由于瑞典与丹麦当时的赛果是唯一会导致意大利遭到淘汰的比分，很多人怀疑这是有提前预谋的。八年过去，意大利担忧历史会再重演，这一次克罗地亚和西班牙恰恰也是如果2比2打平即可共同出线。那些天这几乎成了唯一的话题。西班牙作为欧洲杯和世界杯的双料卫冕冠军表示一定会继续为踢出好看的传控足球而战，而克罗地亚队正是由莫德里奇出来澄清质疑。素来不喜欢公开发言的他语气坚决地说："说什么赛前协议完全是一派胡言，这些传言对足球没什么好处。我很确定我们两支队伍出战的时候都只想着取得胜利。我不需要再多解释什么了。面对西班牙，我们就是要去赢的。”两队之间，西班牙显然占据优势，因此想着如何不要轻敌。而比利奇也很清楚克罗地亚的角色：“西班牙是更好的球队，我们会按照他们的打法部署我们的战术。我们会做好准备，面对强敌我们总是会拼尽全力。”

克罗地亚和西班牙的比赛异常激烈，他们都知道在同时进行的另一场比赛中意大利一定不会对爱尔兰手软，因而自己必须全取三分才最保险。上半场西班牙占尽优势，但是也没能对普莱蒂科萨构成多少威胁。而莫德里奇抓住一切西班牙自己传球倒脚出现疲态和走神的时机从左路组织进攻。克罗地亚不常突进，却在第59分钟得到了一个几乎可以改变历史的机会。易边再战后莫德里奇的位置回到中路，甚至稍稍有些偏右，第59分钟，他突然启动带球突入到禁区弧附近，皮克上前防守，莫德里奇右脚向内一切，行动缓慢的巴萨后卫完全被这个热刺小个子的假动作晃懵了，莫德里奇抓住这个时机看见了从边路插上、无人盯防的拉基蒂奇。说时迟那时快，莫德里奇用右脚外脚背将球完美地传到小禁区线，拉基蒂奇像榴弹炮一样高速插上。时间仿佛静止了，就算接下来的半个小时西班牙人怎样密集控球，这粒进球如果打进，也几乎宣告克罗地亚出线。拉基蒂奇出其不意的头球正中靶心，世界卫冕冠军全靠卡西利亚斯又一次如有神助的表现才避免了提前收拾行李回家的命运。卡西利亚斯用在南非世界杯决赛时两次截断罗本的惊人反应速度扑灭了巴尔干人的梦。错失了绝佳机会之后，随着时间的流逝，比利奇的球队出线的希望越来越渺茫，如果双方战成0比0平，他们就只能遗憾回家。终场前，克罗地亚人决定放手一搏，大举压上，西班牙的进球也在此时到来。法布雷加斯和伊涅斯塔配合将球传给赫苏斯·纳瓦斯破门得分。然而这个球疑似越位，而且克罗地亚门将普莱蒂科萨赛后也表示伊涅斯塔胸部停球时有手球嫌疑。除此之外，德国主裁斯塔克还有两个疑似点球没有吹罚：上半场拉莫斯对曼朱基奇的犯规，下半场西班牙进球前一分钟角球发出后的争抢中，布斯克茨拉倒了乔尔卢卡。虽然比赛就要结束的时候皮克也在克罗地亚的禁区遭到了肘击，克罗地亚的日报还是打出了“裁判斯塔克淘汰克罗地亚”的通栏标题。赛后莫德里奇和伊涅斯塔交换了球衣，赛前他曾说过在他心中伊涅斯塔是“世界上最好的中场”。随着克罗地亚的出局和比利奇的卸任，自1998年世界杯之后克罗地亚国家队的又一个精彩时代结束了。

比利奇的接任者是1998年克罗地亚国家队的后防大将什蒂马茨，他曾经是比利奇的队友，但是当国家队教练之后的日子和比利奇完全不同。比利奇和马米奇素来关系恶劣，而什蒂马茨上任后不久人们就指责他是马米奇钦定的心腹，利用职权为国家队征召来自萨格勒布迪纳摩的球员，比如若热·萨米尔。此前萨米尔寂寂无名，什蒂马茨当上国家队主教练后立刻征召他入队，有许多克罗地亚国家队的死忠球迷因此将对马米奇的一部分旧恨转嫁到萨米尔头上。在动荡之中，克罗地亚想要晋级 2014 年巴西世界杯决赛圈并不容易，预选赛同组的球队包括比利时、塞尔维亚、苏格兰、威尔士和马其顿，没有一个是软柿子。他们在主场连续输给了比利时和苏格兰（第二场莫德里奇没有出战）。而在萨格勒布迎战塞尔维亚的比赛是地区分裂之后两国首次在球场上碰面，警方甚至发出通告，一旦出现任何混乱局面立刻停止比赛。最终克罗地亚 2 比 0 取胜，无论是对于球员还是球迷，这场胜利不仅让胶着的出线形势有所缓和，也因其象征意义而令人格外难忘。半年后，两支球队又在贝尔格莱德 1 比 1 握手言和。这两场比赛的结果让什蒂马茨时代的克罗地亚有了喘息之机。最终比利时遥遥领先小组第一出线，克罗地亚力压塞尔维亚排名第二，必须通过附加赛的考验才能避免再次缺席世界杯。无论如何，预选赛最后一场负于苏格兰之后，什蒂马茨已经帅位不保。糟糕的打法以及球场内外的复杂局面让足协决定让当时 U21 青年队的主教练尼科 · 科瓦奇取而代之来率领球队备战附加赛。尼科 · 科瓦奇是 2008 年那届苦甜参半的欧洲杯上的主角，在克罗地亚国内具有极高的人气，足协希望借此挽回什蒂马茨时期损失的民心，也期待他能在更衣室建立起权威，扫除前任留下的恶习与障碍。

附加赛上克罗地亚的对手是黑马冰岛，第一回合在雷克雅未克的比赛室外温度只有一度，双方 0 比 0 战平，莫德里奇和拉基蒂奇的组合完全掌控了整场，而且对方在斯库拉森被罚出场之后有将近半场比赛时间是十人应战，克罗地亚却没能取得一个能让自己在附加赛中占得先机的进球。第二回合的场面大不相同。在萨格勒布，马克西米尔球场完全变成了一口高压锅，克罗地亚从开场哨响就全力压上，莫德里奇率领队友从右路摧城拔寨，在将近半小时的攻坚战之后，曼朱基奇终于打破了北欧人的密集防守。然而恰恰也是他给“格子军团”带来了麻烦。在破门后仅仅过了 10 分钟，曼朱基奇就因为对古德约翰森一次完全没有必要的凶狠犯规吃到红牌直接被罚下场。此后的五十多分钟里，冰岛只需要进一个球，克罗地亚就会面对前所未有的压力，必须用强大的中场控制力来应对。好在莫德里奇在拉基蒂奇和科瓦西奇的双料护卫之下完美完成了任务。下半场刚开始科瓦西奇突然启动，伟大的队长斯尔纳带球突入禁区，右脚完成进球，克罗地亚 2 比 0 领先。莫德里奇勇敢无畏地统领全场，场面上看仿佛曼朱基奇从来没有被罚下场，第 89 分钟，科瓦奇将莫德里奇换下接受球迷的感谢，整座球场起立为他欢呼鼓掌，曾经迪纳摩偶像如今穿着国家队的球衣继续征服着马克西米尔的心。在不利局面下，他展现出强大而平静的控制力，因而赢得了球迷们的喝彩。

世界杯对莫德里奇而言又是全新的大场面。2002 年韩日世界杯的时候他还只是萨格勒布迪纳摩的小天才，到了 2008 年奥地利–瑞士欧洲杯，他是整个国家的新希望，是托特纳姆热刺的最新签约。2012 年欧洲杯后不久，他彻底星光爆发，在 20 世纪最好的俱乐部皇家马德里效力。2014 年他已经成为皇马的中场核心，是世界级的巨星了。这一连串成长与发展势不可当，如今他终于走到了又一次全世界聚焦的舞台上：巴西世界杯。

虽然世界杯开幕前当地发生了不少抗议和纷乱，莫德里奇还是迫不及待想要亮相赛场。这一次，克罗地亚要在圣保罗举行的揭幕战中对阵斯科拉里率领的东道主、大热门巴西。莫德里奇顶着跟随皇马夺得欧冠后剃成的短发走上球场。这次的签运并不算好（巴西、墨西哥和喀麦隆），不过莫德里奇充满信心。理论上，这样的分组意味着克罗地亚需要跟墨西哥争抢除了巴西以外的另一个出线名额。不过东道主在那届杯赛上最终 1 比 7 惨败德国的结局在 6 月 12 日的揭幕战中已经初见端倪。赛前莫德里奇说他的目标只有一个，就是从巴西脚下把球抢走，他确实做到了。

开场仅仅 11 分钟，克罗地亚人就已经 1 比 0 领先，奥利奇的致命传中迫使马塞洛乌龙，而奥利奇本人此前也有破门良机。面对克罗地亚灵巧的控球，奥斯卡和胡尔克束手无策，主场观众只能绝望地观望莫德里奇和拉基蒂奇、科瓦西奇之间默契的配合。第 27 分钟发生了原本可能改变一切的场面。在争抢一个空中球的时候，莫德里奇和内马尔都盯着皮球的下坠轨迹，巴西人突然扭头看向莫德里奇并扬起左手肘打在他脸上。这原本应该是个再清楚不过的直接红牌动作，日本主裁却只给了黄牌，显然他并不想激怒东道主。克罗地亚球员立刻围上去抗议，而内马尔意识到自己的错误，走到倒地的莫德里奇身旁等着向他道歉。在英国广播公司的赛后评述中，阿兰·希勒很明确地表示："内马尔太走运了。要是任何一支其他球队，任何一个其他球员，这都是直接红牌。因为他是先看了莫德里奇一眼然后扬起的手肘，这显然不是一个自我保护动作。他没被罚出场真是走运，这样的动作吃了红牌也没什么可抱怨的。"

然而足球场上总是有一些难以捉摸的命运捉弄。就在一分钟之后，内马尔就一路带球突进到对方禁区弧顶处，左脚劲射破门，扳平了比分，整座球场陷入欢腾。如果当值主裁在一分钟之前把内马尔罚出场外会发生什么？至少这个进球不会出现了。克罗地亚原本可能 1 比 0 领先且多打一人，现在却只能面对比分被扳平且士气受挫。这就是足球吧。

然而平局还不是最后的结果。自从进球之后，内马尔像是突然觉醒了，无论是纵深渗透还是进攻都是巴西全队最积极的球员。不过直到当值主裁做出第二个有辱克罗地亚人尊严的判罚之前，普莱蒂科萨都没有遭到特别大的威胁。第 68 分钟，洛夫伦只是轻轻碰到了弗雷德，后者立刻佯装痛苦倒地，裁判不仅没有识别出假摔，反而判罚了点球。赛后洛夫伦指责说："国际足联一直说要互相尊重，我们没有得到应有的尊重。"内马尔主罚命中，梅开二度，普莱蒂科萨差一点就能扑出这个点球。比赛最后阶段，当莫德里奇、乔尔卢卡和佩里西奇不停寻找着破门机会时，奥斯卡在伤停补时给了克罗地亚人最后一击。最终的比分是惨痛而不公正的 3 比 1。继 2012 年欧洲杯负于西班牙的那场比赛之后，裁判又在2014年世界杯的揭幕战上站在了克罗地亚的对立面。

经历对巴西的比赛，莫德里奇意识到自己整届杯赛都会成为对手重点盯防和犯规的对象。巴西早已不再是从前的美丽足球代表，莫德里奇不仅遭受了内马尔的肘击，还被狠狠地铲在脚上。第二场对阵喀麦隆的比赛克罗地亚不容有失，只有拿下喀麦隆，他们才有机会在最后一场和墨西哥的直接对话前保留出线的希望。就在第二场比赛前，拉基蒂奇宣布转会巴萨，场外的纷扰并不利于球队保持专注力，亚马孙地区炎热潮湿的气候也影响着他们的状态。

不过克罗地亚还是很快走上了胜利的道路，奥利奇在第11分钟首开纪录。亚历山大·宋被罚出场之后，一切都变得一马平川，莫德里奇大放异彩，克罗地亚最终4比0大胜。但是同组的另一场比赛却没有带来好消息。墨西哥依靠守门员奥乔亚的神奇表现逼平了巴西。这意味着最后一场墨西哥只需要一场平局就可以出线。无论是积分还是气候都对克罗地亚不利，赛前爱德华多坦言："他们（墨西哥）更适应这里的气候，而且我们在累西腓（位于巴西东北部）踢这场比赛，他们的球迷肯定来得比我们多得多……他们确实占据优势。"不过不是所有人都这么想，莫德里奇就表示："我们已经越来越适应这里的气候了，而且比赛是在场上踢的，不是在看台上，（对方球迷多）只会更加激发我们的斗志。"

对阵墨西哥的比赛上下半场完全是两副面貌。上半场双方都没有什么有威胁的机会，只有赫雷拉的左脚劲射打到了克罗地亚球门的左边网上。但是下半场开始一刻钟之后，比赛突然进入了墨西哥人的疯狂节奏。拉法·马尔克斯、瓜尔达多和替补上场永远信心满满的“小豌豆”埃尔南德斯用十分钟解决了比赛，佩里西奇的进球也已经无济于事。克罗地亚被淘汰出局。

下一个目标是2016年法国欧洲杯。科瓦奇继续执教。2014年11月，在克罗地亚客场挑战意大利的欧洲杯预选赛上，莫德里奇在圣西罗球场遭受重伤。当时他正在左路防守，突然感觉左大腿肌肉狠狠拉了一下，立刻意识到有什么断了。克罗地亚队医进行初步检查后表示“这看起来不妙”。回到马德里以后，确诊结果是左大腿肌腱撕裂。最开始的估计是伤停4至6周，最终他伤停了将近三个月才回到赛场。这是他职业生涯的第二次重伤，上一次是在热刺时期的腓骨骨折。

莫德里奇因伤缺席了数场欧洲杯预选赛，克罗地亚一路走得踉踉跄跄，最后时刻才跻身决赛圈。在此期间，球队先是被阿塞拜疆逼平，紧接着又在奥斯陆输给了挪威。负于挪威之后，科瓦奇对球员的质疑引起轩然大波。素来言行谨慎的莫德里奇知道球队必须做出改变，坚决地表示：“所有的球员都付出了百分之百的努力，但是结果很糟糕，我们没有战术，没有打法，什么都没有，但是我们付出了全部的努力。很遗憾，这不是大家想要的发展方向。”此后，科瓦奇辞职，查契奇接任，球队紧接着击败了保加利亚和马耳他。

在克罗地亚国家队，莫德里奇是毫无争议的重量级核心，是国家队的象征。正如克罗地亚足协技术总监约扎卡在2015年的采访中所说的那样：“在圣西罗他受伤下场的那天，路过球场的侧边看台，克罗地亚球迷全都站起来齐声呼喊他的名字‘卢卡！卢卡！’他是整支球队的象征。不仅因为他是最好的球员，也因为他从来没有任何不好的行为。从少年队到青年队，他一直都是克罗地亚足球最好的代表，是一个当之无愧的领袖。将来等他退役的时候，他对我们最大的贡献并不是他是一个伟大的球员，而是他在更衣室里的样子，是他的形象和态度。他和所有人一样有过踢得不好的比赛，但是他从来不会抱怨。队友踢得不好的时候他也从来不会责怪他们，而是给他们最大程度的支持。他始终为国家队而战。所以，他不仅是国家队的象征，也是这个国家的象征。”从在巴塞尔对阵阿根廷的那场处子秀开始，莫德里奇一步一步成为世界上最好的中场球员之一，曾经被称作“巴尔干的克鲁伊夫”的少年人成长为载入克罗地亚足球史册的名字——“卢卡·莫德里奇”。

第十章

多面手

“我在签下他之前至少现场看他踢了 15 场比赛。他个子不高，看上去也不是很强壮，但这其实都只是表象。”说这句话的人是胡安德·拉莫斯，时任托特纳姆热刺队的主教练。正是他将赌注押在一颗克罗地亚新星身上，要求俱乐部一定要签下这个叫卢卡·莫德里奇的中场球员。刚刚带领热刺在 2008 年斩获联赛杯的胡安德·拉莫斯知道这个留着半长金发的年轻人身上的天赋与自己的球队会完美契合。前一个赛季收获了奖杯之后，胡安德·拉莫斯想要进一步对热刺从打法风格到更衣室文化都进行深度改造。然而，在英国这样拥有深厚足球传统的地方，他的计划注定不会一帆风顺。

胡安德·拉莫斯想要打造的战术体系是踢出一种环环相扣的足球，从一开始莫德里奇就是这套体系最理想的领航人。而在场外，胡安德·拉莫斯想要摒弃一些与现代足球发展相悖的陋习。比如说，他希望球员控制体重——在白鹿巷内部，比赛或训练前后随便饮食并不是什么新鲜事，却遭到更衣室内部核心强硬派的反对，主要是英国本土球员——他们习惯了在训练后吃快餐，因为教练的新规而觉得饥饿难忍。

更衣室不和，加上俱乐部把投资重点放在青年才俊身上，热刺当时的大环境并不适宜任何革新。除了以一笔客观的转会费加盟的莫德里奇，球队还买来了乔瓦尼·多斯·桑托斯、罗曼·帕夫柳琴科、修雷利奥·戈麦斯。此外，莫德里奇的老朋友、在曼城度过了英超第一年的乔尔卢卡也加盟了热刺，他顺理成章地成为初来乍到的莫德里奇在伦敦最亲密的盟友。两人形影不离，莫德里奇水平尚可的英语为他做好了在英国生活的准备，而性格更加外向的乔尔卢卡在社交场合尤为完美。

热刺的引援策略素来如此，俱乐部的市场价值比球队成绩重要：他们买下年轻球员是为了等他们身价涨了之后再卖出，赚了钱继续买年轻球员。避免经营赤字是俱乐部任何决策的首要目标，竞技方面的成功并不是他们首先考虑的事。这与地中海沿岸各国的足球俱乐部传统相去甚远。

巴斯克后卫尤里·贝尔奇切还记得自己第一次在热刺位于奇威尔的训练基地第一次见到莫德里奇时的场景："我们当时在餐厅。进来了一个很腼腆的小伙子。他很好相处，就是不太说话。看他踢球——哪怕是在训练场上——真的是一种享受。

他有很多你想都想不到的踢法，给人的感觉就是他以后一定会成为巨星。”

热刺以赚钱为目的而展开的许多不专业的转会操作让胡安德·拉莫斯愤懑不已，他想要至少取得和前一个赛季持平的战绩，就算不炫目也好歹要拿一个奖杯，然而种种因素的影响让他的计划难以实现。也是那个夏天加盟球队的守门员塞萨尔·桑切斯这样回忆当时的复杂局面：“胡安德想要更衣室更加自律，现代足球世界这必不可少，在世界其他地方都已经实现了，但是英国还不是这样。英国的足球文化让英超球员在场外自由度很大。只要球员在训练场和比赛中拼尽全力，场外什么样大家都不在意。只要踢得好，其他都不重要。对胡安德来说这是个很大的文化冲突。”

此外，那个夏天热刺还在同利物浦和曼联的转会大战当中遭到重创，这两家俱乐部在没有得到热刺允许的情况下带走了他们的进攻大将罗比·基恩和贝尔巴托夫。俱乐部主席列维怒斥这完全是“傲慢的行径”，热刺甚至向英足总提出了正式的抗议。

对莫德里奇而言，这是全新的联赛，全新的球风，是他第一次迈出南斯拉夫的足球世界，作为热刺的大引援，有无数双眼睛密切关注着他的一举一动。英国媒体里有不少人并不买账，忙不迭地质疑他“太轻量”，不能适应英超。不过更衣室里这样的疑惑很快就消散了，因为从一开始他的表现就恰到好处、无懈可击。正如贝尔奇切所言：“虽然他还没有像后来在西甲踢球时候承担那么多防守的任务，但是他显然是全队最好的球员。”

初抵英伦的莫德里奇并不是第一个因为个头小而遭到偏见的球员。曾经跟随阿根廷国家队夺得1978年世界杯冠军的中场球员奥斯瓦尔多·阿迪列斯也是个轻量级的小个子，在那支冠军阿根廷队中，他与肯佩斯的默契配合无人能及，既能平衡攻防，又能贡献纵深。哪怕当时英国和阿根廷因为马岛冲突闹得不可开交，阿迪列斯依然在英超得到了认可和发展，成为热刺的名宿。莫德里奇来到白鹿巷对阿迪列斯而言仿佛昨日重现：“像我们这样的球员来英超总是会发生类似的故事。大家会说：这样的人怎么可能适应我们的足球，这种场地，这种泥泞和大雨？英国足球总是给人这种压力，只要来一个小个子，这种质疑就少不了。”

莫德里奇职业生涯的新征程并不容易。那个夏天英格兰正沉浸在他们的足球传奇博比·罗布森爵士离世的悲痛当中，新赛季开始的时候，热刺的氛围也并不好。本来季前备战的时候莫德里奇一直以为自己会在贝尔巴托夫和基恩身后踢前腰，没想到在新赛季就要开始的时候，两人的转会意味着球队的阵型变成了单前锋，莫德里奇的位置也不得不随之调整。

英超的节奏也需要适应，这是全欧洲节奏最快、身体对抗最激烈的联赛，因为空间紧逼，球员在场上几乎没有思考的时间，这对习惯了克罗地亚足球节奏的莫德里奇来说是个不小的挑战。

在新赛季开始后不久接受《每日电讯报》的采访时，莫德里奇承认说在这方面其他在英超效力的同胞给他提前做的心理准备还是不够："他们给我讲过英超是什么样的，但是这跟亲自体验还是完全不一样，只有自己上场了才知道英国足球到底是什么样。我印象最深的就是力量、速度和逼抢。我习惯了克罗地亚那种每个人都有更大空间的踢法，这种差别非常巨大。"莫德里奇必须尽快适应这种新的节奏，"在迪纳摩我们踢得更慢，可能每次都能触球 4 到 7 次才出脚或者被抢断，在热刺，节奏快得多，最多一两脚。"

这样的适应花了莫德里奇好几周时间，他的状态已经开始显出势不可当的趋势，但是这一切都不足以拯救将他带来英伦的"伯乐"的教职。热刺在前八轮联赛中仅积两分，这是球队历史上最差的联赛开局，10 月 25 日，胡安德 · 拉莫斯下课。压垮骆驼的最后一根稻草是欧联杯小组赛第一场 0 比 2 负于乌迪内斯的比赛，当时由于战绩糟糕，赛前大部分球员已经不再相信教练的方法，更衣室里英国球员大佬们召开会议要求教练改变战术，回到英国足球基因中最传统的长传冲吊和二次进攻。但是有"冷酷的人"之称的胡安德 · 拉莫斯坚持自己的脚本，最终导致了分崩离析的结局。

多年后，胡安德 · 拉莫斯说起那段被诟病"冷酷"的日子，挤出一丝嘲讽的微笑："我知道我作为教练应该负起的责任，我的职责就是让球员保持最佳状态，拿出最佳表现。这些球员不习惯这么多条条框框，尤其是不习惯我管他们的饮食。可是我不能容忍球队更衣室像婚礼现场一样时时刻刻都有甜点、蛋糕和各种零食。二十几个球员里总是有人更有职业精神不碰这些，有的更加放纵，觉得都无所谓。但是控制体重对运动员来说是至关重要的，身体是他们赖以为生的东西，他们必须保持身体在最佳状态。”在胡安德·拉莫斯下课后不到24小时，俱乐部宣布了新的教练人选：哈里·雷德克纳普。紧接着球队就在白鹿巷球场2比0击败了博尔顿，收获当赛季联赛首胜。莫德里奇后来回忆起拉莫斯离任后的日子时说，一切都是“不确定”的。

雷德克纳普是从传统英国足球文化走出的传奇，第一次走进热刺更衣室的时候手里握着一罐番茄酱，对队员们说：“小伙子们，我听说你们饿着了。”这样的作风当然一下就得到队里英国球员的热烈欢迎。球队的风格也随之回到了传统的英式打法。对莫德里奇而言，这是又一次全新的考验，他必须迅速适应一种和他熟悉的足球迥然不同的打法，不仅是对抗强度和速度，而是教练传达的思路就完全不一样。塞萨尔·桑切斯回忆说：“卢卡有时候并不能理解其他队友都在做什么，有时候他跑近他们想要球，结果队友直接一个大脚，他就看着球从自己头顶越过去了。”这样的打法让莫德里奇吃尽苦头，但是“他从来没有抱怨过，他真的是一个很好的小伙子”。

就这样，莫德里奇又一次展现出他一如既往的自信，像老狐狸一样聪明的雷德克纳普当然不会忽视自己手中的这颗珍珠，师徒二人一起找到了最佳合作方式。小个子莫德里奇摸索出如何在不失灵活的基础上改进自己的踢法来适应英超的速度和身体要求。雷德克纳普也深知少了贝尔巴托夫和基恩的热刺绝不能再浪费莫德里奇的天赋，因此开始对自己麾下技术性最强的这个球员委以重任。显然，莫德里奇的能力是可以超越战术限制的。他在帕夫柳琴科身后踢过前腰，像在胡安德·拉莫斯时代一样踢过中轴核心，还拉到过左边路（这是他踢起来最费劲的位置）。无论在哪个位置上，他都展现出势不可当的坚韧。塞萨尔回忆说："他的个性一直很强韧，有上进心，会要球。他很快就展现出不管在哪里、不管让他踢什么位置他都能踢得足够好的能力。"热刺名宿阿迪列斯也说："出色的球员，聪明，不服输，他没有被身体对抗这么强的英国足球吓住。当时场内场外都有人想要吓住他，从来没成功，他连眉头都没皱一下。别人说他不行，只会让他更加强大。"

赛季初磕磕绊绊，不过球队慢慢找回了状态，联赛麻烦不断的时候，欧联杯和联赛杯的成绩成了他们的安慰剂。欧洲战场上热刺最终以小组第二的成绩出线，同组的球队除了乌迪内斯、尼美、莫斯科斯巴达克以外，还有萨格勒布迪纳摩。莫德里奇在热刺的首球在小组赛最后一轮对阵莫斯科斯巴达克时到来，最终帮助球队将比分追成 2 比 2，确保了小组出线。而在萨格勒布迪纳摩造访伦敦的比赛中，莫德里奇亲手结束了老东家的欧战之旅，那场4比0的大胜中，队友达伦·本特的三粒进球都是莫德里奇策划的。2月的时候，热刺被后来夺得冠军的顿涅茨克矿工队淘汰（客场0比2，主场1比1），莫德里奇因为脚伤错过了这两场淘汰赛。那是他当赛季的第二次受伤，第一次是在11月的时候因为腹股沟肌肉拉伤缺阵两周。

至此，联赛杯是那个适应与成长的赛季里最后的希望。3月1日热刺连续第二年进入联赛杯决赛，渴望卫冕成功。当时媒体大肆抨击雷德克纳普把大量精力投入欧联杯和联赛杯而耽误了联赛，因为他们在联赛中岌岌可危，只比降级区高出三分。联赛杯决赛的对手是拥有克里斯蒂亚诺·罗纳尔多、特维斯、贝尔巴托夫的曼联。常规比赛时间双方均无建树，最终只能以点球大战决胜。然而热刺只有乔尔卢卡命中，最终他们1比4败给了红魔。莫德里奇此时依然被土耳其和恩斯特·哈佩尔球场的噩梦缠绕，因而选择了逃避罚点球。赛后沮丧的他宣布："我必须克服对点球的恐惧。我不想反复输掉点球大战。"不断适应新环境、赢得新挑战的莫德里奇用强大的心理度过了这个复杂的赛季，却发现自己有一个必须治愈的阿喀琉斯之踵。

第十一章

一览伦敦小

2009年的夏天对热刺而言与此前的全然不同，老雷德克纳普的稳定计划只是一连串好消息的开始。没能在利物浦取得成功的罗比·基恩回归，高中锋克劳奇以及喀麦隆后卫塞巴斯蒂安·巴松在季前相继到来。联赛开始后，热刺又从朴茨茅斯引进了尼科·克拉尼察——继莫德里奇和乔尔卢卡之后又一位克罗地亚球员。克劳奇也曾效力朴茨茅斯，甚至老雷德克纳普这位英伦三岛的传奇教练（他也是小雷德克纳普的父亲、兰帕德的姨父）本人也担任过那里的主教练。

热刺由此开启了队史上的联赛最佳开局阶段，连取四胜之后与切尔西并列积分榜首位。要知道，此前虽然热刺总是看上去能和强队过招，但有限的经济实力总是让他们困在第二集团军的行列，加上主场只有不足四万座席，俱乐部一直以来总想找个至少可以保证多容纳两万人的球场新址。不过首先还得解决积压的债务问题。总之，正如胡安德·拉莫斯所言，当时的热刺与其说是一家体育俱乐部，不如说是一家公司。

主场对战伯明翰城的时候发生了一个重要的意外。第 49 分钟，莫德里奇和李·鲍耶之间一次看似无伤大雅的冲撞，克罗地亚人却无法继续比赛，检查显示是腓骨骨裂，虽然不需要手术，但是戴夹板的保守治疗也迫使他至少 6 周不能参加训练。这次受伤实在不是时候，热刺紧接着就要主场迎战曼联、客场挑战切尔西，两场比赛的结果很可能决定他们能否稳在前四。事实证明，莫德里奇的缺阵造成了严重的影响，失败接踵而至：1 比 3 负于曼联，0 比 3 败走斯坦福桥，热刺又被打回了原形。

热刺已经与榜首渐行渐远，开始专注于争取欧冠席位，毕竟这才是最重要的目标，而最终莫德里奇缺席的时间远不止6周，尽管直到9月底雷德克纳普每次公开表态时都说康复进度良好，他实际上花费的时间却比医疗团队预计的长了很多。由于骨裂部位距离莫德里奇职业生涯中第一次重伤的踝关节过于靠近，所以伤病始终纠缠，到 11 月底的时候他还无法 100% 参与训练。整整三个半月的伤停之后，莫德里奇在训练基地里对阵业余队格雷斯的热身赛上踢了 70 分钟，才终于长舒了一口气。也是在那一周，12 月 12 日，他在球队 0 比 1 不敌沃尔夫汉普顿的联赛中替补洪都拉斯人威尔斯·帕拉西奥登场，不过刚刚伤愈的他没能有所建树。接下来对阵曼城的比赛莫德里奇在替补席上坐了整场，客战布莱克本甚至没有进入大名单，直到12月26日节礼日在克拉文别墅球场0比0战平富勒姆的比赛中才开始找回状态。两天后在2比0战胜近邻西汉姆联的比赛中，终于首发的莫德里奇收获了绝佳的回归大礼，比赛刚开始11分钟他就接到亚伦·列侬的精彩助攻破门，改写了白鹿巷球场的记分牌。英国广播公司记者大卫·奥恩斯坦在赛后评述中说："雷德克纳普对莫德里奇的回归尤为满意。克罗地亚人不仅打入了个人本赛季的首球，还组织起了热刺几乎所有有效的进攻。"缠人的伤病终于彻底被他抛在了身后。

不过莫德里奇的伤愈归队造成了一个情势微妙的局面，此前在他伤停期间填补他位置的克罗地亚同胞尼科·克拉尼察公开表示希望有机会和莫德里奇搭档登场、共同首发，而雷德克纳普对此表示心存疑虑。当初在迪纳摩时代始终压过莫德里奇一头的克拉尼察此时几乎是请求卢卡不要夺走他的首发位置："我们可以一起上场的，我们一起在场上的时候球队的表现更好。"他的话起了效，两人一起首发踢了此后的十场联赛和杯赛（克拉尼察在足总杯半决赛脚踝受伤错过了赛季的最后一个月），另有四次替补对方出场。热刺整个赛季都在为联赛第四的位置奋战，渴望获得经由资格赛晋级下赛季欧冠的机会。虽然曼城、阿斯顿维拉和利物浦都在身后紧追不舍，热刺最终在倒数第二轮1比0战胜曼城后确保第四，如愿以偿。

在这几个月里，卢卡·莫德里奇始终是热刺振兴的中坚力量，英超豪门也开始蠢蠢欲动想对他伸出橄榄枝，其中投入最大心力的当属曼联。弗格森爵士从未掩饰过对莫德里奇球风的喜爱，甚至承认在2009年的联赛杯决赛中针对莫德里奇进行了变阵调整。在弗格森看来，莫德里奇是接班斯科尔斯的绝佳人选。据说2010年4月24日曼联与热刺对垒战前，弗格森在自己的笔记本上写下："今天下午老特拉福德还会有另一个小个子球员，卢卡·莫德里奇，状态好得前所未有。"那场比赛后一周不到就有数家媒体爆出曼联打算在赛季结束后投入2500万英镑签下莫德里奇。而热刺这边立刻行动起来，赶在5月30日宣布续约莫德里奇至2016年，毕竟雷德克纳普说了："热刺这赛季取得的成绩，卢卡是关键。"的确，重回欧冠赛场对热刺来说是这个赛季的最大成功，不过他们也在赛季结束前遭到了一次重创。

和前一个赛季一样，热刺指望在国内杯赛中斩获一个奖杯，这一次他们的目标不是2008年和2009年时的联赛杯，而是英国足球的最高杯赛荣誉——足总杯。如果这一赛季收官时不仅有联赛第四还有足总杯冠军，那么这将是俱乐部历史上伟大的一年。这一次，他们打入了在温布利举行的半决赛，对手是朴茨茅斯。虽然热刺作为赛前预测的大热门在整场比赛中占尽优势，克劳奇有过数次破门良机，朴茨茅斯却咬紧牙关一球未失，守门员大卫·詹姆斯一扫往日的"黄油手"恶名，几乎以一己之力将比赛拖入了加时，最终朴茨茅斯凭借皮基翁内和热刺旧将凯文－普林斯·博阿滕的两粒进球获胜，而上一个夏天与博阿滕对换了球队的克拉尼察只能目送旧主晋级决赛。加时赛的半小时里，热刺几乎全队都显出体能疲态，莫德里奇是极少数还能扛住对手一波又一波进攻的人。在球队已经0比1落后的时候，也是他挡住了两名对方球员的致命反击。对那些怀疑过他的人来说，这又是一次明证：这个小个子的体能远远超出了职业体育的要求。然而，那一天的温布利之战对热刺而言确实是巨大的挫败。粉碎了体能疑云的莫德里奇还需要在英超证明自己不是昙花一现。

克罗地亚国家队缺席2010年南非世界杯让莫德里奇有了难得的休整期。也是在那个夏天，他的人生有了新的变化。5月12日他和相恋多年的瓦尼娅·博斯尼奇登记结婚，6月6日他的儿子伊万诺在萨格勒布出生。在经历了人生中激动人心的几个星期之后，他又重新回到训练场上，准备欧冠资格赛，对手是瑞士的伯尔尼青年人队。看起来这并不是很大的阻碍，而且夏季热刺还引进了两位身经百战的老将威廉·加拉斯和范德法特。英超新赛季开局0比0战平曼城之后，热刺前往伯尔尼，自知是热门的他们自信满满，却万万没想到开场仅仅28分钟已经三球落后。雪上加霜的是，比赛进行到30分钟的时候莫德里奇坐骨肌肉拉伤，他忍着剧烈疼痛坚持到了中场休息，但是下半场已经无法出战。好在上半场结束前3分钟巴松接到角球破门稍稍稳定了军心，帕夫柳琴科在第83分钟的右脚劲射将比分最终定格在3比2，为第二回合留足了希望。回到白鹿巷球场，克劳奇的帽子戏法帮助热刺4比0大胜，也抹除了在瑞士的噩梦半小时。

重回欧冠正赛让俱乐部的老板列维及各位大股东心满意足。虽然在国内联赛中他们的开局不太稳定，远不如前一个赛季闪亮，至少在欧洲顶级赛场上，热刺展现出了高水平的表现。范德法特的加盟为这支年轻的队伍增添了需要的经验。雷德克纳普将荷兰人安排在高中锋克劳奇身后、中场大将莫德里奇身前，两侧是亚伦·列侬和加雷斯·贝尔。这样的排兵布阵为热刺带来了卓越的战绩，在与卫冕冠军国际米兰、云达不来梅和荷兰的特温特同组的情况下最终以小组第一的成绩出线。11月他们在伦敦3比1战胜国际米兰、3比0完胜云达不来梅，前者是贝尔的表演秀，而在对阵德国人的比赛中莫德里奇打入了自己的欧冠正赛首球。至于英超赛场，蹒跚开局之后，他们暂时位列第五，又向着欧冠席位发起冲击。

当时莫德里奇已经是热刺队中不可或缺的人物，球迷玩起文字游戏给他起了两个有趣的绰号。其一是“莫父”（Modfather）——用他的姓氏首字母置换了电影《教父》的片名（Godfather），而且他的发型也让人想起英格兰在20世纪中叶盛行的摩德（Mod）爵士乐运动。英国摇滚乐坛的神话人物保罗·韦勒当初也被尊称为“摩父”。另一个绰号是“莫德尔”（Moddle），来自曾经效力热刺12载的中场名宿霍德尔（Hoddle）。

更衣室里的艰难岁月终于过去，雷德克纳普赢得人心，莫德里奇在 2011 年 4 月登上封面的那期欧冠官方杂志采访中说："教练给了我们足够的自由，我们有必须完成的任务，但是在进攻的时候他允许我们展现和实践我们的想法。"——不受技战术的过分约束是几乎所有球员梦寐以求的事。虽然有时候莫德里奇也会想念自己在迪纳摩时代踢前腰乃至影子前锋的日子，他也承认现在自己真的找到了在场上的位置："我离对方球门确实远了很多，但这是我最能做出贡献的位置，是我最合适的、自己也感到最满足的位置。"

热刺的欧冠梦还在继续，八分之一决赛中他们爆冷淘汰了强大的 AC 米兰（客场 1 比 0，主场 0 比 0）。就在那两场关键比赛之前，莫德里奇病倒了。1 月 30 日，判若两队的热刺在足总杯第四轮被富勒姆 0 比 4 横扫，由莫德里奇、范德法特和南非球员皮纳尔组成的中轴完全被对手强大的身体优势淹没。赛后没过几个小时，莫德里奇就感觉到剧烈的腹痛：急性阑尾炎。2 月 1 日他接受了紧急手术，球队在 13 天后就要在圣西罗挑战米兰，医生都觉得想要赶上比赛可谓天方夜谭。不过莫德里奇仍然站在了欧冠淘汰赛第一回合的赛场上，正是在他坐镇中场的半小时里，亚伦 · 列侬发起反击，克劳奇破门制胜。对于那场艰难而激烈的比赛，许多人记住了加图索对客队助理教练的发难——意大利人因此被禁赛五场。刀口尚未痊愈的莫德里奇带伤上场，一举一动都展现出他一如既往的勇气和无畏。雷德克纳普赛后盛赞他“像雄狮一样勇猛。一旦他拿到球，无论别人怎么逼抢，他都能用无懈可击的触球、控制、聪慧和能力带着球全身而退”。

从米兰城乘胜归来的热刺正处在蜜月期，2 月中旬他们在英超排名第四，稳居欧战区。然而当时距离赛季结束还太久了，最后 13 轮只赢了三场的尴尬战绩让他们最终落至第五，被第四名的阿森纳远远甩开。好在 17 年来首次在安菲尔德客场战胜利物浦的倒数第二轮联赛这让他们至少锁定了欧联杯席位。是役，范德法特和莫德里奇各下一城，克罗地亚人用一记点球为球队带来 2 比 0 的胜利。不过在这一切发生之前，热刺还真真正正与欧冠巨擘过了招。

4 月 5 日，欧冠四分之一决赛，热刺客战皇家马德里：这是莫德里奇（以及贝尔）第一次踏上伯纳乌球场的草皮。赛前他们都表示这是梦想成真的时刻，不过比赛开始后，热刺完全被穆里尼奥（他早已对莫德里奇心怀倾慕）的球队打晕了头，算得上老将的克劳奇在比赛开始 14 分钟就累计两张黄牌被罚下场，最终热刺 0 比 4 惨败，几乎宣告提前被淘汰出局。阿德巴约一记头球为皇马首开纪录，当时守门员修雷利奥 · 戈麦斯已经回天无力，门线上的莫德里奇也没能救险。十人应战的客队勉强支撑，贝尔甚至在马德里的圣殿里秀了几次他的边路突破。然而火力全开的阿德巴约梅开二度，迪马利亚和克里斯蒂亚诺 · 罗纳尔多锦上添花，比赛最终以夸张的比分结束。

回到主场的第二回合并不仅仅是走个过场。这是俱乐部历史上最伟大的一个赛季，这是白鹿巷球场几十年来坐得最满的一场比赛。上半场热刺势头很猛，意大利裁判里佐利漏吹了阿隆索对莫德里奇可以给点球的犯规。可惜易边再战后，守门员戈麦斯的失误让克里斯蒂亚诺·罗纳尔多抓住机会再下一城，彻底浇灭了热刺的希望。美妙的欧冠之旅终结，不过队里的两颗新星莫德里奇和贝尔已经在这一个赛季的欧战中声名鹊起，两年后他们又会在皇马队中重遇。

2011 年的夏天大事频发。跟随国家队踢完对阵格鲁吉亚的欧洲杯预选赛之后，6 月 11 日，莫德里奇和妻子博斯尼奇在路德圣母堂举办天主教婚礼，儿时一起在科洛瓦雷酒店里踢球的挚友乔尔卢卡是他的伴郎，婚礼后在威斯汀酒店举办的招待会更是云集了克罗地亚足坛的名流。家庭生活稳定下来的莫德里奇此时更觉需要在事业上向着欧洲足球的顶峰再进一步。尝过欧冠的甜头之后又要面对没有欧冠可踢的赛季不是他想要的。莫德里奇想要离开热刺前往切尔西。他在伦敦生活得很开心，又想能前进一两步、在某家顶尖俱乐部站稳脚跟，那么转会斯坦福桥可谓完美的计划。

阿布的第一份报价是 2200 万欧元，热刺几乎看都没看，用雷德克纳普的话说，这简直是“荒谬”，从来不喜欢媒体的老板列维甚至立刻现身发布会表示莫德里奇是非卖品。莫德里奇的团队并不接受列维决绝的“这事没得谈”的表态，放出消息球员和俱乐部之间在上次续约前曾经有过君子约定：如果收到高额报价的时候可以放行。然而就算切尔西方面将价格提到2700万欧元也无法动摇列维的态度。这一年的季前热身（包括在南非的巡回赛）都糟糕至极，雷德克纳普表示这是他带过的最差的季前准备，所有人都不停地谈论“卢卡会走还是会留”。据说阿布的最后一次报价是8月31日的4000万英镑，那天是转会窗口关闭前的最后一天，却还是被列维断然拒绝。与此同时，热刺的新赛季以在老特拉福德的0比3败北和主场1比5惨败曼城开始，唯一的安慰是战胜了苏格兰的中洛锡安哈茨队跻身欧联杯正赛。客战曼联的比赛莫德里奇并没有出场，雷德克纳普觉得他的心思“在别的地方”。迎战曼城的比赛，一切也远不尽如人意，赛前两小时，莫德里奇找到教练说：“我觉得我还是没有调整好。”教练的回答很清楚：“卢卡，你今天必须上场了。我需要你，你也需要踢球。我们有好几个伤病减员，你得上场踢球。你是我们最重要的球员。”雷德克纳普却赌输了。8月28日那天的比赛是莫德里奇在热刺发挥最糟糕的一天，66分钟被换下场的时候，球队已经0比4落后，最终他们被五球碾压，其中波黑前锋哲科上演“大四喜”。惨痛的两轮比赛过去，热刺在积分榜上垫底。三天后，夏季转会窗口关闭，莫德里奇停在了原地。

疑云重重的赛季开局过后，9月初的国家比赛日给了莫德里奇喘息调整的机会。再回到伦敦的时候，他的状态已经基本调整回前一个赛季的水平。这个赛季，莫德里奇和列侬、范德法特、帕克以及桑德罗一道担当热刺的首发中场（克拉尼察已经基本失去了主力位置），而顶在前面的是从曼城租借而来的阿德巴约和彻底爆发的贝尔。场外纷扰落定后，球队的优异表现也随之回来了，他们在联赛中连续 11 场不败，其中有 10 场全取三分，到了 12 月 1 日的时候，排名已经冲到了第三。在这期间雷德克纳普接受了冠心病的手术，植入两个支架来疏通心脏供血，不过这也没有打断球队的完美表现。不过在联赛杯和欧联杯上他们都早早出局，到了 2011 年年末的时候，只剩下英超和足总杯可能拯救他们的赛季。直到次年二月，热刺的表现都算稳定。教练本人此时也站出来公开请求列维给莫德里奇涨薪以留住他。自从赛季初惨败给曼城之后，23 场联赛热刺只输了两场，这也让雷德克纳普成了卡佩罗与英足总闹掰之后球迷心中执教国家队的大热门。当时，曼彻斯特城双雄争冠争得不亦乐乎，热刺显然是联赛中最好的伦敦球队，甩开了北伦敦的老敌人阿森纳十分之多，专注欧冠的切尔西就落得更后面了。

然而，这个赛季的走向接下来却变了样。关于雷德克纳普可能执教国家队的传闻仍然盛行（“三狮军团”直到 5 月 21 日才宣布霍奇森接任），每场主场比赛之后球迷都为他唱歌希望他不要离开。出乎所有人意料的是热刺的战绩开始全面崩溃。首先是在北伦敦德比中两球领先却最终 2 比 5 惨败给阿森纳，紧接着 9 场联赛他们只赢了一场，排名下滑至第五。足总杯赛场上他们也在半决赛中被切尔西淘汰。虽然在赛季结束前他们依靠最后的冲刺拿到联赛第四，迪马特奥率领的切尔西却在安联球场爆冷战胜主场作战的拜仁捧起欧冠奖杯占走一个名额，热刺下赛季还是只有欧联杯可踢。到了这时候，大多数人都想到了莫德里奇夏天一定还会尝试转会。欧冠不能再等，而且他在更衣室里的贴心人乔尔卢卡冬窗时已经转会勒沃库森。

的确，2012 年 6 月 28 日克罗地亚在欧洲杯上被西班牙淘汰出局之后，莫德里奇的转会运作就又开启了。在那之前五天，雷德克纳普也宣告离任——前一个赛季最后阶段的低迷直接造成了他和列维之间渐行渐远。莫德里奇知道这个夏天对于他的未来至关重要。列维此前曾经承诺过不给他的转会设置障碍，俱乐部又暗示不会放行他去其他英超球队，于是这个夏天最有力的两份报价来自巴黎圣日耳曼和皇家马德里。穆里尼奥已经关注了莫德里奇很长一段时间，这一次，6 月 22 日《马卡报》就已经爆出消息皇马开始了初步运作，然而所有人也都预见到这起转会的难度。与此同时列维在为球队物色新教练，最终脱颖而出的葡萄牙人博阿斯（其他候选人还有莫耶斯和罗伯特·马丁内斯）放话说如果俱乐部卖走头号人物莫德里奇他就不签约。这还仅仅是这场夏日大戏的序幕，欧洲最精明的足球人列维和皇马银河战舰的总舵主弗洛伦蒂诺之间开始了漫长无尽的拉锯。列维是个在伦敦和加利福尼亚都掌有公司的犹太裔企业家，每一位想要离开白鹿巷的球星都体会过他强硬的作风和常常把转会交易逼至窗口期最后一天来最大限度维护球队经济利益的手段。进入七月，情况越来越复杂。博阿斯正式成为热刺的新任教练，他曾经是穆里尼奥的助理教练，单飞后当初的恩师对他尤为愤怒，因而这一次他也不打算让“狂人”轻松地带走这员大将。与此同时，皇马在售卖球员的过程中也遇到了阻碍，如果不能给迪亚拉、沙欣和卡卡找到合适的下家，他们也无法有足够的流动资金完成莫德里奇的转会。无论如何，皇马3500万欧元的预算和切尔西前一赛季被热刺拒绝的近5000万欧元的报价相去甚远。列维表示为了不让莫德里奇成为其他英超球队的强兵他可以接受外国球队稍低一些的价格，但是皇马的价格还是太低了。在此期间，巴萨开始接触贝尔，热刺赶紧抢先将威尔士人续约到2016年。那些天莫德里奇躲在扎达尔的家中，只和家人以及亲密朋友共度，没有做任何公开表态去推动转会，因为他相信列维最终会兑现承诺。毕竟上个夏天他请求俱乐部放他去切尔西并没有带来什么好结果。然而几个星期过去，转会事宜却依然僵持不下，莫德里奇开始怀疑俱乐部主席可能要食言。从心理上而言那是很复杂的时刻，莫德里奇说得最多的话就是“我想去皇马，这是一生一次的机会”。唯一能让他稍感镇定的是穆里尼奥想签下他的兴趣和决心依旧很大——两人在那几周里通过几次电话。皇马主教练认为莫德里奇是自己的战术设想中不可或缺的一环，卡卡在进攻中的投入太多，让皇马的中场防守显得不太牢靠，穆里尼奥需要一个能够平衡这一点的中场大将，也深知莫德里奇在前卫线和后卫线之间活动的独特能力，坚信他正是球队机器所需的完美润滑油。列维和博阿斯知道主动权在自己手上，一步不退地表示："价格合理我们才卖。"愤愤不平的旁观者如雷德克纳普以及克罗地亚国家队主教练斯蒂马奇都站出来支持莫德里奇，雷德克纳普向外界透露了列维上赛季的承诺："当时他说，再给我们踢一个赛季，明年夏天如果皇马来买你，我就不挡路。"斯蒂马奇也批评说："结果等到皇马真的来报价，他（列维）又翻脸不认人，我知道他想在足球圈混出名堂，但是这样做不合适。"素来无所顾忌的马米奇也参与了进来，不过他的动机令人生疑："卢卡是我的朋友。我希望他能去皇马。我现在已经和他没有工作上的合作，但是我一直在追踪他的发展。迪纳摩要抽取这次转会费的5%。"他还表示莫德里奇通往伯纳乌的障碍已经扫除："最伟大的教练穆里尼奥这一个月一直和卢卡保持着联系。"7月19日是参加欧洲杯的热刺球员开始训练的日子。莫德里奇来到位于奇威尔的训练基地与博阿斯见了面，但是没有参加训练。那一天他彻底明白了列维打算推翻一年前的承诺。接下来的几周成为莫德里奇职业生涯中最难熬的阶段。失望至极的他没有在48小时后去搭乘球队前往洛杉矶继续季前集训的班机。这一举动让固执的列维勃然大怒，他随即扣除了莫德里奇两周的工资作为处罚，并通过博阿斯作为传声筒表示："莫德里奇想错了，他这样做只会让事态恶化，主席非常生气，他这样太不职业了。”莫德里奇在俱乐部的监管下开始独自训练，但在此期间他甚至想过自行返回克罗地亚训练。与此同时，皇马改变了战术以退为进，放出消息说如果莫德里奇的转会不能成功俱乐部还有替补计划。虽然穆里尼奥心中唯一的目标就是莫德里奇，他也只是私下与球员沟通的时候再三保证，公开场合葡萄牙人总是回避承认这一点。皇马表示他们开始考虑正在富勒姆效力的比利时人登贝莱。而莫德里奇的转会谈判依然龟速进行，无论是付款方式、转会总金额还是固定条款、浮动条款都来回拉锯，不过双方都觉得最后一定会达成协议。8 月 15 日莫德里奇代表克罗地亚国家队在斯普利特出战与瑞士的友谊赛，在那场 2 比 4 败北的比赛中他只踢了 25 分钟，无论是身体还精神都远不在状态。

皇马的新赛季开局堪忧，主场被瓦伦西亚逼平之后，他们想要加快引进莫德里奇的进程，将报价一举提高了将近 600 万欧元。列维在最后时刻又要求加价，穆里尼奥亲自与热刺主席通电话威胁说如果再这样皇马就干脆不买了。此时的莫德里奇几乎陷入绝望。最终弗洛伦蒂诺出马给热刺下了最后通牒。皇马紧接着在超级杯第一回合 2 比 3 不敌巴塞罗那，联赛第二轮又 1 比 2 负于赫塔费，穆里尼奥在赛后新闻发布会上大发雷霆（“发生了一些我不能讲给你们这些记者听的事”），这一切终于推动了莫德里奇转会的成交。据西班牙和英国的媒体报道，最终的转会费在 3500 万至 4200 万欧元之间。有不少人指责皇马完成这一转会仅仅是为了掩盖糟糕的战绩，觉得球队买来莫德里奇不过是给厄齐尔当替补，虽然穆里尼奥的战术设计完全不是如此。甚至在伦敦都有传言说葡萄牙人坚持想要买走莫德里奇不过是为了跟博阿斯赌气。时间会证明所有这些质疑和传闻不过是无稽之谈。

第十二章

重获冠军

8 月 27 日早上，西班牙首都马德里。度假的大军向海边迁徙，城中空了大半。联赛两轮已过，皇家马德里位列第十四，被同城的马德里竞技和巴列卡诺遥遥甩开。对皇马而言，这是历史上不常见到的局面，急需一场突变。那天上午十点，托特纳姆热刺首先官方宣布了卢卡 · 莫德里奇的转会，一小时后，皇马也对外确认了转会的成功。这场整个夏天占据报纸头条、在电台和电视台循环播放的大戏终于尘埃落定，皆大欢喜，莫德里奇成为“白衣军团”历史上第四位克罗地亚人，前三位依次是罗伯特 · 普罗辛内茨基、达沃尔 · 苏克和罗伯特 · 雅尔尼。此外他还有一位同胞伊戈尔 · 约维塞维奇曾在此停留，不过从未为一线队效力。

莫德里奇搭乘飞机落地托列洪的军事机场，心中五味杂陈充满回忆，而最迫切的渴望是重新捧得冠军奖杯。在伦敦经历了两手空空的四年，他的上一个冠军还是萨格勒布迪纳摩一统天下的时代，因此格外满心需要一个冠军。与此同时，这世界上恐怕也没有哪家俱乐部比皇家马德里更懂得这种需要——他们对胜利的渴望同样强烈。可以说，莫德里奇来到了开始下一站最完美的出发点。前一个赛季，这家桂冠俱乐部刚刚打破了“银河战舰”一期时的记录，以最高积分和最多进球数夺冠。

抵达马德里，经过身体检查，确认一切指标良好，莫德里奇前往伯纳乌球场。在身后九座闪闪发光的欧冠奖杯的见证下，他与皇马签下为期四年的合同，并举着新球衣亮相，背号是19号。

在与弗洛伦蒂诺·佩雷斯和埃米利奥·布特拉格诺交换了微笑和溢美之词之后，莫德里奇终于第一次以主人翁的身份踏上伯纳乌球场拍照并接受球迷的掌声与欢呼。紧接着是他作为皇马新援的第一场新闻发布会，最初的几句话清晰地展现出漫长等待后激动的自由：“大家下午好，太久了，但是，我终于到这里了。我很快乐，这是我的荣幸和骄傲。”面对来自数十个国家的媒体，他第一次切实感受到这家俱乐部的盛名与浩大。那场发布会上，他重复最多的动词就是“期待”，用最准确的英语反复表达“我期待着……”。他渴望快点结束签约的种种手续，想要立刻和队友合练。他的激情，他的足球，都和世界上最好的一批球员一起等待着他。而且，就在两天后，巨大的挑战来袭：西班牙超级杯对阵巴塞罗那的第二回合比赛。从第一分钟就是最高级别的要求。这就是皇家马德里。

没有时间庆祝没有时间放松。几个小时后，莫德里奇就在自己的第一场训练上见到了新队友：伊克尔·卡西利亚斯、塞尔吉奥·拉莫斯、哈维·阿隆索，当然还有克里斯蒂亚诺·罗纳尔多。在莫德里奇的足球理念里，他的目标就是让自己身边的队友踢得更好。因此在每个新阶段开始的时候，他都需要时间去适应和学习。好在此时此刻，他知道主教练穆里尼奥对自己抱有绝对的信心。在接受皇马电视台专访时（这是他来到西班牙之后的第一次电视采访），莫德里奇表达了对穆里尼奥的无限感激和赞扬："教练当时愿意等到转会窗口的最后一天，只为了让我能来到这里。我非常感激他，希望可以为他、为整支球队而战。"我们再次看到了他坚定的信念和决心。纯粹的"dišpet"，纯粹的莫德里奇："我知道人们的期望值很好，我已经做好了准备。"

他确实准备好了。仅仅两天后，卢卡·莫德里奇就进入了自己人生中第一场国家德比的大名单，目标是翻盘在诺坎普2比3落败的第一回合。这场比赛莫德里奇没有首发。他在替补席上目睹了己队狂风暴雨般的猛烈攻势怎样让永远的死敌疲于奔命，时时刻刻提醒着对手上个赛季他们已经终结了瓜迪奥拉时代巴萨的全面统治。18分钟里两粒进球，马斯切拉诺和皮克相继失误，伊瓜因和罗纳尔多先后立功。半个小时后战斗升级，阿德里亚诺被罚红牌直接下场。看起来这场比赛接下来的走势无非是让新援登场接受看台的掌声就好。然而，就在接近中场休息的时候，梅西用一记天才般的破门让白衣军团又开始紧张，毕竟下半场佩德罗表现神勇，对方极有可能扳平比分。

比赛还剩10分钟的时候，穆里尼奥用莫德里奇替换下厄齐尔，想要发挥克罗地亚人最大的优点。此时莫德里奇已经展现出他来到伯纳乌并不如西班牙媒体流传的那样仅仅是作为前腰位置上厄齐尔的替补人选。穆里尼奥在引援时就反复表示皇马阵中还没有一个像莫德里奇这样的球员。无论是保持控球率还是维系三线之间的平衡，莫德里奇都是不可多得的“终身保险”。此役，当控球至上的巴萨大举前压想要寻求扳平比分的进球，换上莫德里奇是绝佳的选择。结果同样美妙，自从莫德里奇登场，皇马在场上受到的压迫明显减轻，他们又重新夺回一部分控球权，甚至在前场的施压还创造出了破门良机，莫德里奇自己的射门被亚历山大·宋舍身解围，若非如此，他的首秀还能更加完美。

不多时，皇马在伯纳乌的看台上捧起了超级杯的冠军奖杯。卡西利亚斯捧杯后立刻将奖杯递给了莫德里奇，他太渴望重新体会把奖杯高高举起的滋味了。在经历了伦敦四个美好但成绩上一无所获的赛季之后，来到马德里的莫德里奇只等了48个小时就再次感受到每个运动员最渴望的时刻：冠军。

两个月的休养之后这15分钟的最高强度比拼让他筋疲力尽，但是当晚莫德里奇还是神采奕奕地给自己最亲爱的人——

打去电话。这些家人和朋友都是他紧密的小圈子里赋予他生命意义的人。曾经的队友和永远的好朋友布尔加特就是其中之一，他还记得当时卢卡激动地说：“我简直不敢相信。第一回合的时候我还是在伦敦看的比赛。一周后我人就在这里了，和卡西利亚斯、罗纳尔多一起踢国家德比，对面是梅西的巴萨。最后还捧起了奖杯。这就像一个梦。”就这样，卢卡·莫德里奇顺利地踏进了“欧冠之王”皇家马德里的大门。

第十三章

质疑、批评与盔甲

一整个夏天《马卡报》和《阿斯报》都在为莫德里奇预热，他的照片频频出现在头版，连同转会大戏的新动态。因此皇马球迷对莫德里奇抱有极高的期待。现在，就需要他来证明这场转会的意义了。

皇马和穆里尼奥都明确表示莫德里奇是提升球队中场质量的重要一环，在他到来之前，皇马能够称得上中场指挥官的只有哈维·阿隆索一人。赫迪拉在德国国家队表现惊人，但在皇马只能算无功无过，并不是有效衔接中前场和组织进攻的最佳人选。不过，莫德里奇找准状态还需假以时日。

最开始是媒体发出了质疑的声音。不确定的因素很多。首先是关于他在场上的位置："前腰还是中场？""厄齐尔的替补还是哈维·阿隆索的搭档？"当时，阿隆索－赫迪拉的组合趋于稳定，看起来厄齐尔将是莫德里奇获得首发和上场时间的牺牲品，然而后者并没有参与皇马的季前准备与训练。

更有甚者批评莫德里奇的加盟意味着皇马自己青训队的球员失去了晋级一线队的机会。比如Goal.com网站的球评人何塞·大卫·洛佩兹就表示："就这样打破了格拉内罗的发展简直不可理喻。"

皇马在联赛上的糟糕开局更是让媒体的火力对准了球队的激进打法。很快他们就被比拉诺瓦执教的天才巴萨甩开很远，面临阵容的大调整。

巴塞罗那的媒体对皇马签下莫德里奇一事极尽嘲讽之能事，比如《世界体育报》的记者奥斯卡·萨拉特这样写道："戴着假发的莫德里奇，平庸的引援，这是皇马为了遮掩自己悲惨的联赛开局而放出的烟幕弹，当时马德里城的其他三支球队（巴列卡诺、马竞、赫塔费）都在积分榜上超越了它。"《阿斯报》的主编阿尔弗雷德·雷拉诺也说："我遇见不少人都觉得莫德里奇不是什么重要角色，某种程度上我不是特别理解。"

莫德里奇在联赛中的第一次首发是第三轮对阵格拉纳达的比赛。球队令人信服地拿下了比赛，但是所有的兴趣和焦点并不在卢卡的表现上，而是比赛后克里斯蒂亚诺·罗纳尔多的哀叹："我很难过。"

两周的国家队集训和国际比赛日之后，莫德里奇回到西班牙，面前是一条荆棘之路。他还不知道自己即将读到和听到的是怎样的不堪。皇马似乎刚刚回到正轨，然而0比1败走塞维利亚城彻底打开了外界炮轰球队的潘多拉盒子，这一次，克罗地亚人成了众矢之的。球队的糟糕表现原本是全队的责任，却有不少人怪罪莫德里奇。《国家报》的记者迭戈·托雷斯写道："队内有几位球员暗示说莫德里奇在塞维利亚刚踢了一刻钟就显得筋疲力尽。他们觉得他很虚弱。"

接下来的几周，随着比赛结果的好转，一切似乎平息了下来。穆里尼奥开始在中场试验不同的组合，莫德里奇的表现逐渐稳定。连续的几场首发，战胜拉科鲁尼亚的比赛中他是与赫迪拉搭档，而战胜巴列卡诺的比赛中他是三中场之一，不过这一战术安排评论员和穆里尼奥都不太喜欢。

莫德里奇的首发位置是穆里尼奥试阵的一部分。葡萄牙人想要让他以最快的方式融入球队，可是等到最重要的比赛到来时，他却被弃用了。2012年10月，皇马在联赛中到访诺坎普，当时他们距离巴萨有足足8分之遥，如果这一场再败北，基本已经宣告提前放弃联赛争冠。此前的三场联赛胜利莫德里奇都是首发，但是这一次，穆里尼奥不想再试，他在替补席上目睹了对阵双方2比2打平。

又一次，面对不舒服的局面，莫德里奇必须自己崛起。事实的确如此。此后连续三场首发，连续三场大胜，尤其是最后一场，皇马坐镇主场迎战萨拉戈萨，莫德里奇打入了自己身披白衣的第一粒进球，球队4比0大胜，却依然挡不住外界对他铺天盖地的批评和出言不逊。《马卡报》的圣地亚哥·塞古洛拉给他写了这样的判词：“这是个不错的球员，在中场起了不少作用。他有闪光点，但是像泡沫一样。皇马是另一个层面的。皇马是巨大的银河系，莫德里奇还需要继续修炼才可能配得上。”

自从莫德里奇来到皇马，真正相信他的人并不多。在此之前，他已经展现出自己是个现象级的球员，以不断提升的能力著称。他像是动画游戏里才有的球员，球技超凡，只是来到新的伟大球队，他还需要时间来展现自己（几个月后他已然成为球队的领袖）。对那支皇马而言，他是最理想的球员，完全有能力成为欧洲最好中场的接班人。

不过在那之前，他还有漫长的荒漠之旅。穆里尼奥想要信任他，但是外界压力太大了。批评仍在继续，葡萄牙人改变了主意。莫德里奇在此后的两个月里，仅仅首发过一场联赛，踢了微不足道的残留时间。有意思的是，欧冠成了他静水深流的舞台。莫德里奇的上场时间有所保证，皇马获得的结果也尽如人意，双方好像都在欧洲战场找到了他们在本土联赛中失去的稳定与平衡。

就这样，当2013年新年钟声敲响的时候，莫德里奇终于找到了球感和节奏。穆里尼奥开始将他视为中场不可或缺的组成部分。争论仍在继续：双后腰还是三中场？哈维·阿隆索搭档赫迪拉前面顶着厄齐尔三角站位还是阿隆索、厄齐尔和莫德里奇平行站位？穆里尼奥倾向于后者，于是，中场加强防守力度之后，球队开始连创佳绩。

莫德里奇感受到来自球队的信任，而球迷们也在这个动荡的赛季体会到喜悦：关键一周，巴萨在伯纳乌俯首称臣。莫德里奇将在诺坎普枯坐替补席的糟糕记忆抛在脑后，上演了一场绝妙的表演。那场胜利之后，莫德里奇再也没有让首发位置溜走。

那是赛程上最复杂的一段。皇马要在十天内连续在欧冠淘汰赛中对阵曼联，再在伯纳乌迎战巴萨，这两场比赛的结果将决定他们是否得以继续抱有欧冠和联赛争冠的希望。

穆里尼奥的球队先是第一回合与曼联战平，主场战胜巴萨，随后就要全队前往曼彻斯特为欧冠的生机放手一搏。

那是三月里一个冷冽的周二。在曼彻斯特的豪华酒店里，莫德里奇醒来，梦想着与曼联的对决。老特拉福德是他再熟悉不过的球场，过去一周的赛果也让他充满信心。不过穆里尼奥的赛前讲话浇熄了他的期待。他又一次在重要的比赛中被放在了替补席上。皇马在老特拉福德的上半场踢得非常糟糕，由于对方手握一个客场进球，皇马必须破门，可是弗格森爵士麾下的球队把所有的孔洞都收得密不透风。“红魔军团”蜂拥而至，塞尔吉奥 · 拉莫斯措手不及在第 48 分钟自摆乌龙。这几乎已经宣判了皇马的出局。穆里尼奥望向替补席。坐在那里的是一个被批评和质疑折磨了一个赛季的男人，总在重要的时刻被遗忘，数月里不曾被幸运女神光顾——卢卡 · 莫德里奇。

领袖的气质在他的血管里奔涌，足下的魔法在他内心膨胀，克罗地亚人的登场改变了比赛的走向，扭转了即将被淘汰的命运。皇马的配合流转变得灵动顺畅，黑暗被光照亮，第66分钟，莫德里奇用天才般的右脚创造了奇迹。无论是对于那场比赛还是对于卢卡的职业生涯，那都是决定性的一脚，因为，在那里，在梦剧场，他从一名伟大的球员变成了世界足坛的巨星。

第十四章

心如止水

绿茵场上，莫德里奇是领袖，是王者，求胜心极强，但是作为儿子、兄长、父亲、丈夫，他就好像完全变了一个人。在镁光灯照不到的地方，他不再是万人仰慕的偶像，世界知名的球星，而是一个谦逊而顾家的男人，这些特质毫无疑问来自他历经巴尔干半岛冲突的艰难童年。作为家里的大儿子，他始终肩负着大哥的责任，一开始是照顾两个妹妹，后来则转移到呵护他和瓦尼娅·博斯尼奇的孩子身上。或许是命运使然，这对低调爱侣也育有一个哥哥伊万诺（出生于 2010 年）和两个妹妹艾玛（生于 2013 年）和索菲亚（生于 2017 年）。

莫德里奇结识博斯尼奇的时候还在萨格勒布迪纳摩踢球。当时经济管理专业出身的博斯尼奇在马米奇父子的足球经纪公司上班，与这家克罗地亚大俱乐部有着千丝万缕的联系。据说有一次莫德里奇和绿眼睛的博斯尼奇因为工作会面，却不知不觉聊了三个小时。渐渐地，两个人从绝对的职业往来变成更为私人化的接触。就这样萌生出一段在足坛并不常见的爱情，毕竟无论是莫德里奇的腼腆还是博斯尼奇的谨慎都不是足球圈情侣一贯的样子。

两人的情路开始得并不容易。作为迪纳摩和克罗地亚国家队的当家球星，莫德里奇不得不频繁奔波于旅途中。最终博斯尼奇辞去了工作开始全职陪伴并打理莫德里奇的事务。四年后的2010年6月6日，伊万诺·莫德里奇在萨格勒布近郊的一间私立医院出生。因为想要赶在头生子到来之前结为合法伴侣，他们在5月12日登记结婚时只有很少的人在场。真正盛大的仪式要等到2011年6月11日的婚礼。婚礼在萨格勒布新哥特式的路德圣母堂举行。新娘一如既往地低调，头发简单地盘起，耳坠是身上唯一的珠宝，一袭香槟色的婚纱，伴娘则身着紫色的20世纪60年代风格复古裙。有将近300位宾客受邀参加了婚礼后在威斯汀酒店举办的宴会。

随着时间的流逝，尽管莫德里奇的工作性质让他很难远离聚光灯，他和博斯尼奇的关系却从未被新闻的聒噪侵扰。博斯尼奇很明确自己希望始终留在丈夫身后，但是她的每个决策其实都对丈夫的职业生涯有着不容忽视的意义。她是莫德里奇的经纪人，代理他最主要的事务，这也将自己的专业知识和在体育管理领域的经验用到了极致。

莫德里奇夫妇都不怎么使用社交网络，博斯尼奇甚至没有公开的账号，莫德里奇在抵抗了网络的巨大影响多年之后，才在近年拥有了社交网络账号，发布的大多数状态都和球队相关，他自己以及家人的照片偶有出现，不过也很难看见他妻子的身影。

两人同时公开亮相的照片并不多见。博斯尼奇带着他们的儿子伊万诺出席了莫德里奇亮相皇马的仪式，当日她身着条纹贴身裙，看起来就是想要远离媒体焦点的类型。早在2008年，她罕有地接受了克罗地亚杂志《荣光》的采访，透露莫德里奇会吃醋，“就像任何一个丈夫该有的样子”，此外她还表示，在体育方面，自己是莫德里奇最重要的评论员。夫妻二人都小心翼翼地保护着家庭的隐私，初到马德里的时候，一家人先是住在米拉西埃拉酒店，随后租下了前皇马球员巴普蒂斯塔在莫拉雷哈的豪宅，2015年才终于在西班牙首都购置了房产。

定居马德里的莫德里奇后来又相继迎来两个小女儿艾玛和索菲亚，和伊万诺一样在萨格勒布经过剖腹产来到人间。莫德里奇夫妇同拉莫斯和主持人皮拉尔·卢比奥私交甚密，不过和总能掀起媒体风暴的皇马队长夫妇不同，莫德里奇一家人几乎只在俱乐部赞助商的官方活动中才会亮相，此外博斯尼奇还会陪同卢卡出席颁奖典礼。实话说，在扎达尔质朴的阳台上偶遇他们的机会要远高过马德里的任何奢华场合。

不过卢卡炫耀起自己的孩子来可是不遗余力，尤其是在夺冠庆典上。无论是最近几次欧冠决赛还是克罗地亚在2018年俄罗斯世界杯的精彩表现赛后，我们都能看到场上的10号球员带着自己的孩子冲着摄像机镜头在全世界面前庆祝。而素来低调的瓦尼娅·博斯尼奇在这些画面里几乎从未出现。

第十五章

主宰马德里

“他是真正的领袖。他的技术，他的投入，训练中展现出的能力以及职业道德让他成为队中当之无愧的领导者。”从2013年10月至2015年9月任克罗地亚国家队主教练的尼科·科瓦克如是说。尽管莫德里奇生性内向，却成为科瓦克麾下的“格子军团”副队长，是更衣室的重要人物。公众面前并不善言辞的莫德里奇对处理团队内部的关系非常敏锐，而且从来不逃避责任。他在萨格勒布迪纳摩的队友回忆道：“不管有没有队长袖标，你都知道他是球场和更衣室发号施令的主将。他好胜心极强，这一点会传递给全队所有人，大家都会尽力避免输球。”这位队友清楚地记得，某次国内联赛惨败回程的路上，莫德里奇看见马里奥·曼朱基奇过于欢快地讲着电话，毫不客气地加以斥责。卢卡不是个随意开口的话匣子，但是一旦他说话，整个更衣室都会静下来听。比赛前，他总是安静的，全神贯注想着接下来在球场上他需要完成的事，但是他完全知道在什么时候该怎样给予队友建议、帮助，甚至有时候是一通臭骂。

不过，就算在扎达尔、泽林斯基、国际队、萨格勒布迪纳摩乃至克罗地亚国家队是绝对领袖，成为皇马的关键大将依旧是另一个级别的成就。经历了开局阶段的坎坷之后，卢卡在“银河战舰”的际遇从老特拉福德的那个进球之后完全改变了。没过几个月，他已经成为穆里尼奥的继任者卡洛·安切洛蒂阵中不可或缺的人物。这位意大利主帅在接受西班牙电台《加时赛》节目的采访时明确表示：“有了莫德里奇，一切都容易了许多。他的自信和品性是球队的基石。”

2013 年 3 月 6 日的“梦剧场”之夜落幕后，恩里克·奥尔特果在自己的《马卡报》专栏的标题中盛赞莫德里奇终于在皇马“爆发”，一跃成为“白衣军团”中场无可争议的主宰。曼彻斯特一役过后不多时，莫德里奇又接连上演了两次绝佳的表现：先是在伯纳乌用一记完美的左脚射门洞穿马洛卡的球门，实现艰苦的主场翻盘。那场比赛几乎是自转会伊始的见面会以来莫德里奇第一次听见主场球迷如此热切而祈求地呼喊他的名字。他已经慢慢地走进了总是十分挑剔的皇马死忠球迷心中。几天后，莫德里奇又成为皇马进军欧冠半决赛的关键先生。第一回合皇马在主场 3 比 0 轻取加拉塔萨雷。然而第二回合，在哈维·阿隆索缺阵的情形下，莫德里奇临危受命首发坐镇中场，球队因此没有乱了阵脚，尤其是当土耳其巨擘在比赛第 70 分钟扳回一球的时候。最后 20 分钟，莫德里奇无处不在：控球、掌握节奏、赢得时间、迫使对方犯规……他让对手绝望。他的表现完美印证了隆卡勒维奇的评价："他最大的优势是在球场上的智慧，永远能出现在最恰当的位置上，同时发挥稳定。"另一位曾经教过他的教练伊万科维奇也说过莫德里奇总是能在有限的空间和高密度的球员当中穿梭找到最合适的解答，无论局面如何复杂，他都能成功破解。这可谓是伊斯坦布尔那一天的完美总结。当时当刻，哈维 · 阿隆索的合同即将期满，皇马上下都在为寻找一个合适的替代人选处心积虑。京多安、科多比亚、维拉蒂等等名字陆续浮现。而最后的解决办法原来已在阵中多时。人们开始清楚地发现，莫德里奇不仅是厄齐尔的替补。

那个赛季，糟糕的开局和对阵巴萨的第一回合失利让皇马基本早早丧失了联赛夺冠的希望，一切都寄托在欧冠和国王杯上。4 月中，皇马即将在欧冠半决赛中对阵多特蒙德，两队之前在小组赛中曾经交手，皇马一胜一平（客场 2 比 1，主场 2 比 2）保持不败，在半决赛前的预测中也更被看好。而国王杯的决赛则是对阵马竞的马德里德比。然而事实却是球队很快陷入一片混乱，将卡西利亚斯流放至替补席的决定让穆里尼奥与绝大部分西班牙记者矛盾激化。在客场挑战多特蒙德前的最后一场对阵贝蒂斯的联赛中，莫德里奇和马塞洛相继受伤。巴西人铁定缺席半决赛，而莫德里奇能否赶上在威斯特法伦公园球场的比赛还得看伤情恢复的进度。最终克罗地亚人确实及时复出，甚至进入了首发名单，却踢了他在皇马最糟糕的几场比赛之一，全队都被多特蒙德压着打，遭到莱万多夫斯基灭绝式的打击，最终以 1 比 4 惨败。穆尼里奥在球队中场安排的全是风格类似的球员：阿隆索、赫迪拉、莫德里奇、厄齐尔——每个人都讲求控球。这样的战术没有见效，第一回合战罢，看起来通往温布利的决赛已经成为空谈。马德里的球迷气氛却空前高涨，所有人都在为实现大逆转鼓劲，莫德里奇从球队大巴上拍摄了成千上万的球迷在他们抵达球场时加油助威的视频，感动不已。第二回合，多特蒙德依旧踢得更好，原本也应该进球，本泽马和拉莫斯迟来的破门只是让皇马看见了希望的泡影，球队连续第三年在欧洲顶级赛事的决赛门槛前止步。

莫德里奇身披白色战袍的第一个赛季原本还有获得国王杯的希望，决赛是在伯纳乌球场举行，中场与他搭档的依旧是阿隆索、赫迪拉和厄齐尔。然而厄运显然是不肯放过东道主。库尔图瓦镇守的马竞球门门柱至少挡出了三个必进球，而在皇马士气全失、秩序混乱的加时赛尾声，米兰达头球破门。马竞捧得国王杯冠军，穆里尼奥在已经剑拔弩张的赛后新闻发布会上承认这是他执教生涯里“最差的一个赛季”。一个月后，莫德里奇在萨格勒布接受《马卡报》的采访，坦言第一个赛季未能获得任何锦标“不太满意”。他的表态清晰而诚恳：“赛季前半程我没有给出大家期待的表现。后半程有所进步。我需要时间和空间来展现出我的能力。但这还只是开始。”——隐秘的正名还在继续。被问及在场上最喜欢的位置，莫德里奇的回答很明确：“我喜欢当乐队指挥。喜欢掌控球队的踢法，控制比赛节奏，注意到周围发生的一切，这就是我最舒服的位置。”罗伯特·博图纳克曾说莫德里奇是一个“精神力非常强大的人，与此同时，又是一个非常诚实诚恳的人”——在皇马这样的球队要求肩负指挥官的重任，可见此言不假。博图纳克记得少年时代的莫德里奇虽然因为瘦弱在身体对抗上吃了很多苦头，但足球智慧却远远超出同龄人的平均水平。

然而尽管莫德里奇的球商有目共睹，人们还在继续关于他和厄齐尔能否共存的超现实讨论。另外一个始终纠缠他的论战是关于他的场上位置。他的身体条件总是媒体关注的焦点，比如 2011 年莫德里奇和切尔西传出绯闻的时候，马尔塞·德塞利就曾在《镜报》上评论道：“他是个伟大的球员，但是身材太小，太轻量级了。我不觉得他是切尔西想要买来面对多线作战的合适人选。他不是最佳选项。我们谈论的可是切尔西，是和巴萨、AC 米兰、曼联同级别的球队，又不是热刺。”人们误以为莫德里奇身体条件不够强壮，因此怀疑他的防守能力。但是在他曾经的队友辛德里奇的记忆中，“青训队的时候他的双腿就已经像一级方程式赛车那样有爆发力了”。在场上的攻防位置方面，莫德里奇已经完成了转型。正如罗密欧·约扎卡所言：“如今他在皇马和国家队防守卡位都非常精准，而进攻方面他一向做得出色……他想要进球，想要助攻，想要不断改善自己的传球路线，取得进步。我很高兴看见他的责任感和带球时的可靠性在逐步提高，防守能力也越来越强。今天的他已经是一个全方位的球员了。”尼科·科瓦克也将他定义为“全面的中场，技术动作丰富，能够适应任何一种技战术体系和安排。他是攻防转换中出色的连接点，始终掌控着比赛的节奏和动态”。

然而，虽然在防守能力上的提高让莫德里奇一步步成长为世界顶级球员，但也让人不由得怀念起进攻端的卢卡。比如迪纳摩的前主帅布兰科·伊万科维奇就遗憾地说：“他不怎么进攻了，这太可惜了。他创造力强，能发起进攻，本来一个赛季至少能打进十个球。把他放在防守型中场的位置上限制了他的天赋发挥。”

卢卡·莫德里奇在皇马的第二个赛季从两个重要事件开始，首先是卡洛·安切洛蒂接过教鞭成为新任主帅，其次是他终于可以第一次整个季前热身都在西班牙进行。而赛季结束的时候，将有两个决定性的时刻永远留在球迷心中：两个角球，一个在慕尼黑，一个在里斯本。开始与结束之间，莫德里奇成长为皇马场上的关键球员。

哈维·阿隆索再度受伤，而贝尔的加盟（也是经历了转会窗口的尔虞我诈）让厄齐尔彻底失去了前腰的首发位置，初来乍到的安切洛蒂很快将中场指挥权交给了莫德里奇。直到此时，许多人才终于发现了克罗地亚人真正的天赋，看见他是如何盘活全场，保持球队各线之间的平衡。联赛头两轮险胜贝蒂斯（2比1）和格拉纳达（1比0）之后，莫德里奇的高光时刻在第三轮主场迎战毕尔巴鄂竞技的比赛中到来。中午开场的比赛，球场座无虚席，莫德里奇的发挥远超其他人，是草皮上最亮眼的存在，进攻灵活，防守牢靠。连最苛刻的评论员都被他的表现折服。比如圣地亚哥·塞古罗拉的赛后报道是这样开篇的："莫德里奇在伯纳乌的表现向人们证明了一个清醒的球员和一个沉睡的球员之间的天壤之别。他充满活力，饱含青春的激情和世界上最精彩的想法，莫德里奇在一群迷迷糊糊的球员当中掌控了全局……他远高出同场球员的表现让伯纳乌的球迷不停呼喊他的名字。"马丁·诺沃塞拉克曾说莫德里奇无论当不当上球星都会继续踢球，因为足球是他的挚爱。那么这一次，在卡斯特亚纳大道上的竞技场里，莫德里奇登基成王。整整九十分钟，他用从本方禁区到对方禁区的非凡表演赢得了看台一阵一阵的喝彩。

从那天起，再没有人质疑这个克罗地亚人在皇马不可取代的位置。他的成长来势汹汹，欧冠小组赛阶段对阵哥本哈根的精彩进球让人不禁联想起前一个赛季曼彻斯特的夜晚：假动作向右一闪，起脚坚定，势不可当。进球后的庆祝却不尽相同。对阵"红魔"时他面色绷得紧紧的，半是为个人的解脱，半是因为场合的重要，毕竟那是决定淘汰赛命运的一球。而在丹麦，他笑得合不拢嘴，像个小孩子，肆无忌惮地庆祝着。可以说，此刻的莫德里奇终于在皇马体会到真正的快乐。他已经是安切洛蒂阵中不可动摇的一员，意大利教头在他身上看见了别人无法取代的特质，接受西班牙电台采访时安切洛蒂表示：“他最大的优点就是带球深入。球队打不开局面的时候，有时候光是触球或者速度快并不够，必须有垂直突进扰乱对手平衡的能力。”

“白衣军团”的新大脑在赛季开始前就放出话来无法想象又一年两手空空。这不无道理。最终皇马捧得双冠王。不过在那之前，他不得不经历人生中最可怕的时刻：他的恩师、足球之父的去世。2014 年 2 月 20 日，托米拉斯夫 · 巴什奇在与疾病缠斗多年后过世。对他始终心怀感激的莫德里奇出席了他的葬礼。或许这一悲伤事件也给了他更大的动力去追求成功。首先是在国王杯决赛中，皇马在瓦伦西亚与巴萨艰难鏖战，最终 2 比 1 取胜，迪马利亚和贝尔组成的双骑兵各下一城，几周后他们还将成为关键先生。贝尔在西班牙的第一年也经历了和他的好友莫德里奇类似的情况，也是最后时刻才从热刺转会，完全没有在西班牙进行季前训练。

紧接着到来的欧冠淘汰赛对阵历史悠久：半决赛，皇家马德里对阵拜仁慕尼黑。莫德里奇是铁定的首发。第一回合 1 比 0 过后，第二回合赛前气氛火药味十足，佩普 · 瓜迪奥拉和传奇鲁梅尼格不停对远征而来的“白衣军团”抛出威胁。不过开场仅过去 15 分钟，皇马就找到了解决淘汰赛的良方。莫德里奇助跑开出位于守门员左侧的角球，将球吊向禁区，拉莫斯高高跃起用力头槌，攻破诺伊尔的十指关。这是德国人噩梦的开始，也是皇马迷醉之夜的第一步。最终他们客场 4 比 0 大胜，又在球队历史上写下光辉一笔。有趣的是，拉莫斯打开局面的第一球破门之后，尽管莫德里奇是这个进球最直接的策划人，却是最后几个冲去庆祝的球员之一，场上的领袖不需要镁光灯和照相机镜头的簇拥。克罗地亚体育史上最重要的人物之一布兰卡 · 弗拉西奇很清楚这一举动背后的原因。“莫德里奇的伟大之处恰恰在于他的谦逊。名声和荣誉可能会改变人，但是他还是他一直以来的样子，每一场球都像是人生中的第一场。他是我们所有年轻人的榜样。”这位来自斯普利特的运动员如是说。

皇马将通往欧冠决赛地里斯本的机票收入囊中之后，却在联赛中迷失了方向，最终连平瓦伦西亚和巴拉多利德，将联赛冠军拱手送给欧冠决赛对手马德里竞技。决赛临近，所有人的目光都聚焦在 2014 年 5 月 24 日的光明球场。哈维 · 阿隆索在慕尼黑吃到的一张不必要的黄牌让他错失决赛，莫德里奇的责任就更加重大。皇马有整整三周时间为历史性的时刻做准备：俱乐部历史上的第十座欧冠奖杯在等待着他们。而对手是钢铁一般坚毅的“西蒙尼军团”。

马竞并不会让皇马轻易拿走冠军。从 1999 年到 2013 年，此前将近 14 年的时间里，马竞都拿死敌没有办法，但是就在这个赛季的两次联赛对决中，他们似乎终于找到了对抗皇马的手段。在葡萄牙首都的决赛就是在这样的强强对话中开始的。比赛开始后半小时，戈丁利用卡西利亚斯的出击失误头球破门，为马竞取得领先。

皇马被自己的紧张情绪困住了，历史带来的焦虑以及当赛季对阵马竞的艰难让他们在球场上举步维艰。下半场比赛安切洛蒂的球队虽然占尽优势，却始终没有转化成进球。常规比赛时间只剩下两分半钟，莫德里奇争抢空中球，知道自己很难对抗马竞高塔般的防守球员。此时对手几乎全线退防，龟缩在禁区，只等最后终极奖励的到来。而莫德里奇做出了最恰当的选择：他用身体扛住比利亚，等球反弹到对手身上出界，赢得宝贵的角球机会。他几乎是在犯规的边缘试探，而这正是大场面比赛的要求。要么赢得所有，要么血本无归。正如胡安德·拉莫斯所言，莫德里奇是有大智慧的球员，总能做出最好的选择。紧接着，克罗地亚人在角旗处举手示意开球，吊向禁区的皮球即将化身皇马历史上最重要的破门。就这样，昨日重现：同样的助跑，同样的酝酿，同样的目光，同样的右脚，可能弧线稍大，正好罚向点球点附近。塞尔吉奥·拉莫斯的头球将比赛拖入加时。已经体能耗尽几乎瘫软的马竞再也无法抵挡住贝尔或迪马利亚的冲击，最终皇马 4 比 1 完胜，终于把压在肩上超过十年的重担卸下：第十座欧冠奖杯终于抵达伯纳乌。

那个晚上是莫德里奇心中最钟爱的三场胜利之一，另外两场是代表迪纳摩在阿姆斯特丹的比赛以及 2007 年代表克罗地亚在温布利大球场的战役。在赛后庆祝中，人们看见了一个前所未有肆无忌惮的卢卡，和皇马球迷素来仰慕的亲切有条理的形象大相径庭。就算是和他一向亲近的贝尔也惊讶于那一晚莫德里奇的快乐奔放。这是完美的融合：无可指摘的职业运动员以前所未有的样子庆祝圆满完成的工作。安切洛蒂也一脸吃惊地望着他，觉得眼前这个人完全不是自己熟悉的那个善良勤勉的家伙。要是此前马德里球迷里还有什么对他质疑的人，这下也完全心悦诚服。

在众星云集的皇马，莫德里奇成了决定胜负手的球员。2014 年 11 月在摩洛哥举行的世俱杯上，莫德里奇因为此前在圣西罗代表国家队比赛时受伤而缺阵，虽然皇马最终碰杯，国际舆论还是将球队不佳的表现归咎于克罗地亚人的缺席。两年前，谁能预言这一切呢？而当球队在欧冠淘汰赛主场迎战沙尔克 04 行将崩盘的时候，安切洛蒂在第 58 分钟派上了刚刚伤愈的莫德里奇，差点脱轨的列车上每个人都因此系上了安全带。在对阵马拉加时莫德里奇侧副韧带扭伤再度倒下，伯纳乌的球迷和媒体都以为球队的赛季要泡汤了。所有人都知道，没有了莫德里奇，皇马达不到任何既定的目标。2015—2016 赛季，莫德里奇已经成为皇马阵中所有人的榜样，几乎是最不可取代的球员。正因为此，虽然一整年饱受伤病困扰，莫德里奇还是在 2015 年入选了国际足联年度最佳阵容。这是足球世界的最高认可。

不过，莫德里奇还想赢得更多荣誉。为俱乐部赢得历史性的第十冠让他对自己个人生涯的第二个欧冠充满期待，他就要年满 30 岁了，这确实是个并不容易的目标。而且 2015—2016 赛季的开局一点也不理想。他素来引以为傲的坚强精神必须再次闪光，球队问题重重，整支队伍都在暴风眼里。轮到莫德里奇提高嗓门说话了，虽然他总是个沉默的领袖，别人站出来说话的时候他会认真地倾听，但是一旦情况需要，他也会当仁不让地出现。此时此刻，流利的西班牙语也让自从来到西班牙一直好像待在第二线的莫德里奇走到了台前。

首先是球队不走运的时候他重复多次的公开表态："我们总是说我们必须从失败中吸取教训，但是我们一直没做到。"他在 2014 年说过，2015 年说过，到了 2016 年还在说。这期间主教练从安切洛蒂换成了贝尼特斯又换成了齐达内。皇马境况难堪的日子里，总是卢卡出来在发布会上面对媒体。这些年里球队每每遭遇溃败的时候，紧接着我们都会听到莫德里奇严厉但是真实的表态，他总是希望提醒队友，言出必行，保证过的事在球场上就必须做到。就算计划和初衷良好，如果没能用实际行动证明，那就都是无用功。

2016 年 1 月 4 日贝尼特斯下课之后，莫德里奇也站出来表达了对那个赛季季前训练安排的不满。"我们的准备太仓促了，而且主要都在天上飞而不是在训练。"他想知道为什么全队在前三分之一个赛季肌肉问题频出，解释很可能是季前准备最关键的时候他们花在飞机上的时间比训练场上还多。俱乐部上上下下没有任何其他人敢于公开对这个问题发声，卢卡成了那个指路的人，而整个“白衣军团”都听他的。平时的莫德里奇从来安静谦逊不受名气所累，因此当他主动要求承担起主角任务的时候，他的声音就更有权威。周围的人都仰慕地听他说话，并且认真地听了进去。

那个赛季直到贝尼特斯下课皇马都在经历一连串厄运的堆积。踢得不讨喜，巴萨主宰了联赛，皇马甚至在 2015 年 12 月 2 日的加的斯杯被切里舍夫的残兵残将淘汰出了国王杯。一个月后，齐达内临危受命接替贝尼特斯的时候，球队上下坐立难安，只能看着自己在积分榜上被路易斯 · 恩里克率领的死敌越甩越远。坏事还没止于此，联赛倒数第 12 轮，皇马输给了马竞，落到了积分榜第三位，距离榜首的巴萨有 12 分之多。无论是从情感上还是理智上，那个赛季的皇马都不像能得到一个快乐的结局。

齐达内却做到了让球员们团结起来并且相信他们还能夺得第 11 座欧冠奖杯（外界恐怕没什么人相信）。皇马接连淘汰了罗马、狼堡和曼城，来到米兰城与马竞重演 2014 年的决赛剧情，不过这一次，后者才是大热门。此前，马竞在联赛中取得连胜，加上巴萨接连马失前蹄，马德里人差一分就要完成大翻盘，直到最后一轮才错失联赛冠军。在米兰的欧冠决赛状况频出，最终 1 比 1 的比分保持到终场，胜负只能由点球大战决出。莫德里奇和他的许多队友都是带着疲惫的腿部肌肉走上罚球点的。最终胡安 · 弗兰罚丢点球，克里斯蒂亚诺 · 罗纳尔多一蹴而就，皇马蝉联欧冠，再次站上欧洲之巅。第11冠。冠军杯改制后的第五冠。赛后庆祝的时候，莫德里奇难掩焦虑，护着自己的头发说："这次我不要剪了。我需要在欧洲杯的时候保持强壮。上次在巴西我好像失去了力量。"

就这样，2016—2017赛季打响的时候，克罗地亚人已经是这支足球史上夺冠最多的球队阵中货真价实的传奇了。然而，他还有个未了的渴望，心心念念必须达到的目标：西甲联赛冠军。要知道皇马自2012年来就没庆祝过联赛冠军了，那时候莫德里奇还在热刺呢。而对卢卡来说，他上一次享受到赢得联赛冠军的喜悦还要追溯到2008年在祖国联赛效力的时候。无论是对皇马这样一家世界级的俱乐部而言，还是对卢卡这个在伊涅斯塔状态下滑、哈维前往卡塔尔"养老"之后成为地表最强中场的球员而言，这都是难以想象无法接受的空缺。齐达内开始实行国内和欧洲赛场的轮换制，皇马首先是在8月艰难地通过加时赛3比2击败塞维利亚捧起欧洲超级杯。这是接下来一整个赛季齐达内勇气的初次写照。当时C罗受伤，齐达内却让贝尔这样的主力轮休，莫德里奇和本泽马也是在下半场才替补登场，最后完成逆转捧杯。

胜利的开局之后，皇马借着周围难得的平静完成了好几个重要的续约，其中就有莫德里奇。10月18日，他续约至2020年，那时他将届满34岁。不过续约签订的时候，克罗地亚人却正在养伤，皇马的队医赫苏斯和另外两位医生米克尔和曼努埃尔一起对他的左膝进行了手术，取出了受到外部挫伤的软骨碎片。当时也有质疑的声音觉得是否更好的选择是保守治疗，这个微创手术让莫德里奇缺阵了一个月，直到3比0完胜莱加内斯的比赛他才在最后半小时替补科瓦西奇出场。在因伤缺阵时刻的续约绝对体现出了皇马对莫德里奇的信任与膜拜。在他养伤的一个月里，皇马在2比0击败毕尔巴鄂竞技之后登上了积分榜首位，从此整个余下赛季都没有让领头羊的位置旁落。12月初的时候皇马球迷又遭遇了熟悉的场景，似曾相识。国家德比的90分钟让全世界停摆静观，巴萨1比0领先之后在积分榜上瞬间逼近，皇马费尽力气想要寻求扳平比分的进球以守住6分的领先优势——在赛季即将过半的时候，这样的优势不容小觑。常规时间濒临耗尽，当值裁判戈麦斯示意球出底线判给皇马角球，全场屏住呼吸。卢卡·莫德里奇起脚将球吊入禁区，不止一个球迷想起了慕尼黑，想起了里斯本，想起了其他许多场景。球飞到了危急关头克罗地亚人最默契的搭档头顶——塞尔吉奥·拉莫斯。说到做到。就算对方能预见到，塞维利亚人的进球也势不可当。特尔施特根被攻破十指关之后，莫德里奇用几乎夸张地方式疯狂庆祝。虽然才刚刚12月，卢卡心里却知道，这个进球几乎意味着半个联赛冠军到手。现代足球时代，西班牙联赛冠军的积分通常都在100分左右，夺冠热门都很少丢分给非直接竞争对手。所以能够在2016年的最后一个月带着6分的积分优势离开诺坎普，几乎是对奖杯的最有力争夺。莫德里奇清楚地知道这一点，他的庆祝方式就是明证。

的确，那是值得铭记的几个月。在诺坎普阻挡了对手追进分数两周之后，皇马在横滨连续第二年捧起世俱杯冠军。这个冠军来得并不容易。他们决赛的对手鹿岛鹿角半决赛2比0淘汰了墨西哥美洲队，决赛中更是摆出铜墙铁壁阻挡“白衣军团”。鹿岛鹿角的当家球星柴崎岳闪电般地打入两粒进球，皇马直到加时赛阶段才取得领先并最终获胜，而柴崎岳也因此敲开了转会西甲的大门。这次世俱杯是职业足球领域第一次正式使用视频助理裁判介入执法。包括莫德里奇在内的不少球员都对这一新技术颇有微词：“我不是很喜欢视频助理裁判，因为只会造成更多的困惑。我们前几天和裁判们开了会，他们向我们解释了新的规则，不过我没太注意听，因为我希望过一阵子就不会再用了。这不是足球，我不喜欢。”

对皇马而言，2016年的年终几乎完美无缺，他们紧接着以40场的成绩打破西班牙俱乐部的不败纪录，唯一的美中不足就是被多特蒙德击败，没能在新年来临之前确保欧冠小组出线。不过甫一进入2017年，玫瑰美酒的日子又来了：皇马有五位球员入选了第一届国际足联最佳阵容。经过来自世界各地的足球记者、国家队主教练和队长的投票，塞尔吉奥·拉莫斯、马塞洛、托尼·克罗斯、卢卡·莫德里奇和克里斯蒂亚诺·罗纳尔多跻身世界最佳阵容的行列。新的“银河战舰”正在驶向创造历史的时刻，这一奖项的颁布看起来为球队追加了马力。

然而接下来皇马球迷却不得不面对这个难忘的赛季里最痛苦的日子，球队在国王杯四分之一决赛中爆冷被塞尔塔淘汰，他们在伯纳乌 1 比 2 落败，第二回合也没能翻盘（2 比 2）。不过五个月后，球队还是得以在丰收女神广场庆祝俱乐部历史上最闪亮的赛季之一。齐达内将轮换政策进行到底，让全队上下都充满活力，最多的时候曾经对相继的两场比赛的首发阵容进行了八个人员的调整。比赛结果证明了这一举措的英明。联赛中，仅仅因为延期举行的两场比赛才让皇马看上去暂时丢失积分榜榜首的位置，其实他们始终排名第一，最终捧起了俱乐部历史上第 33 座西甲联赛奖杯。那是 5 月 23 日，在马拉加的玫瑰园球场，卢卡 · 莫德里奇终于如愿以偿地在将近十年后重温顶级联赛冠军的滋味。或许是捧杯心切，他和亲密战友贝尔一起出演了球场庆祝环节最大的轶事：西甲联赛如果到最后一轮才决出冠军，那么奖杯直到下赛季的首场比赛才会颁发。对这两个正在兴奋一头热的前热刺球员来说，西甲这个规定显然没什么道理。

与此同时，齐达内麾下的球队在欧冠路上一路横扫、势不可当。第一个倒下的受害者是那不勒斯，虽然两回合意大利的球队都率先取得领先，但是面对“白衣军团”的攻击力，那不勒斯无能为力（两回合都 1 比 3 落败）。四分之一决赛的对阵可谓欧陆足球的经典对决：皇马第一回合 2 比 1 小胜拜仁，第二回合历经加时苦战以史诗级的表演 4 比 2 晋级。半决赛，皇马摧毁了同城死敌马竞，第一回合3比0完胜让晋级决赛的悬念几乎全无。

半决赛第二回合，虽然马竞殊死搏斗，本泽马的绝妙表演助攻伊斯科打入制胜球，皇马2比1战胜马竞，又要踏上最属于他们的舞台：欧冠决赛。这一年的决赛在加的夫城举行，对手是另一家历史悠久的俱乐部：尤文图斯。这场令人难忘的比赛以皇马摧枯拉朽的4比1大胜告终。卢卡·莫德里奇再次成为欧冠决赛场上皇马无可争议的灯塔球员，而他的球队成为欧冠改制以来第一家卫冕成功的俱乐部。齐达内的轮换制度让整支球队直到赛季末的欧冠决赛赛场都保持着新鲜的体力，决赛中的第三粒进球就是明证，莫德里奇深入底线助攻克里斯蒂亚诺·罗纳尔多破门，把俱乐部历史上的第12座欧冠奖杯带回马德里。

此时此刻，在皇马已经没有什么人对莫德里奇还有质疑，不过他在威尔士首都加的夫千年球场的表现还是证实了克罗地亚人已经跻身这家世界最佳俱乐部历史上最伟大的球员的行列。

这是皇马1958年以来第一次成为包揽联赛、欧冠的双冠王，所有迹象都表明皇马已经做好准备成为西甲足球的铁腕，而且很可能重新成为主宰欧洲的巨擘。不过即便如此，欧冠“三连冠”听起来还是像天方夜谭。球队的框架日渐稳定，夏天没有什么大动干戈的必要，皇马此时想的是如何发挥年轻球员的巨大潜力，虽然对顶级球会而言这会带来更多的疑问。当佩佩、莫拉塔或者哈梅斯·罗德里格斯缺阵的时候，填补他们位置的是防线上的赫苏斯·巴列霍和特奥·埃尔南德斯，中场的马科斯·略伦特和回归锋线的博尔哈·马约拉尔。不过新赛季的开端虎虎有力：齐达内的球队迅速斩获欧洲超级杯（在斯科普里2比1战胜捉襟见肘的曼联）和西班牙超级杯（客场3比1、主场2比0双杀巴萨）。败走伯纳乌之后，素来桀骜的巴萨后卫皮克承认："这是十年来我第一次觉得我们踢不过皇马。"这句话几乎是宣告了皇马王朝的到来。看起来皇马似乎可以用铁打的阵容——纳瓦斯，卡瓦哈尔，拉莫斯，瓦拉内，马塞洛，卡塞米罗，克罗斯，莫德里奇，贝尔（或者伊斯科），克里斯蒂亚诺·罗纳尔多以及本泽马——组成可以在世界任何球场闲庭信步的球队。后防稳固，中场体力出众又有创造力，前锋决断一蹴而就。替补席上也有极有天赋的年轻人渴望上场。在大众眼中，这几乎是最完美的阵容，卢卡·莫德里奇体能充沛，正值成熟期，已经成为球队运转当之无愧的真正中枢。然而，当9月来临，一切都不是想象中的样子。

恰恰相反，新赛季的联赛之旅噩梦一般让人想要迅速忘记。伯纳乌的主场很少这样孱弱不堪，到了1月中旬的时候，他们在主场已经有足足13分不翼而飞。赛季刚开始被瓦伦西亚和莱万特逼平不过是个警示的信号，紧接着他们主场连负贝蒂斯、巴萨和比利亚雷亚尔，2018年1月中就已经失去了蝉联西甲冠军的可能，他们场均进球率只有1.7，远远低于上赛季的场均

2.7，被巴萨甩下19分之多，距离马竞10分，瓦伦西亚8分，皇马这个赛季直到此时的战绩都令人羞愧。甚至连通常情况下可以用来当救生板的国王杯，他们都没能存活到2月。在战胜了低级别联赛的对手如富恩拉布拉达和努曼西亚之后，同样名不见经传的莱加内斯在伯纳乌2比1淘汰了皇马，让第一回合“白衣军团”1比0的小胜变得毫无意义。与此同时，巴萨从利物浦买来了巴西人库蒂尼奥，还从巴西联赛引进了哥伦比亚中场耶里·米纳。皇马却没能顺利签下当时西班牙最有前途的年轻守门员凯帕，一时间俱乐部周围的氛围和球场上一样欠佳。那是1月24日，看起来皇马的整个赛季都要断送了——要是没有他们最执迷的欧冠赛场救阵的话。

至少当时皇马确实舒舒服服地晋级欧冠淘汰赛阶段，虽然也没有什么精彩表现。莫德里奇第二次回到伦敦对阵他的老东家热刺。此前小组赛皇马在主场1比1与热刺战平，到了温布利是直接被灌了3比1。赛后克罗地亚人一如既往从来不在球队表现糟糕的时候寻找借口，坦言说：“我们对自己的表现非常失望。我们必须好好想想怎么才能重新发挥出我们应有的水平。我们踢得越来越没有风格了，我们没有踢出我们的能力。”小组赛最终皇马屈居第二，排在波切蒂诺的球队后面，不过他们还是确保了一个八分之一决赛的席位。当时和他们同小组的还有多特蒙德和尼科西亚希腊人竞技（皇马在塞浦路斯6比0狂胜小组中最弱的对手，为球队首开纪录的正是莫德里奇的凌空抽射）。到了2月的淘汰赛，皇马首先就遇见了欧洲足坛的大亨、拥有内马尔和姆巴佩的巴黎圣日尔曼。显然，已经失去了联赛和国王杯机会的皇马必须牢牢抓住欧冠这根最后的救命稻草。

不过皇马在海外的声誉并未受损，毕竟他们还是斩获了国际锦标和个人荣誉。在阿布扎比他们先后击败当地俱乐部贾兹拉和巴西的格雷米奥俱乐部收获又一座世俱杯冠军奖杯。对阵东道主小球会的比赛他们一开始甚至0比1落后，虽然屡获良机，却直到第83分钟才依靠贝尔的进球完成翻盘。决赛对手实力更强大，皇马在场上的掌控力反而比前一场比赛强了许多。最终克里斯蒂亚诺·罗纳尔多的一记任意球决定胜负。虽然球队的整体表现不尽如人意，但卢卡·莫德里奇在这两场比赛中都被选为最佳球员，也因此力压罗纳尔多当选赛事最有价值球员。赛后媒体一拥而上的时候，这个素来习惯逃离镁光灯的克罗西亚人却像前一年世俱杯后一样表达了对视频助理裁判技术的不满，这次是因为半决赛中卡塞米罗被吹掉的进球："我不知道到底什么情况下需要使用，也许有的时候确实能有帮助，可是太耗费时间了，今天就很混乱。我不想再多谈论这件事了，决定不是我们做的，我们只能去适应。"

个人奖项方面，在伦敦举行的国际足联"最佳"盛典是对皇马的全方面认可，克里斯蒂亚诺·罗纳尔多获得最佳球员，齐达内获得最佳教练，又有五名球员入选了年度最佳阵容中：拉莫斯、马塞洛、克罗斯、罗纳尔多和莫德里奇。要知道克里斯蒂亚诺·罗纳尔多作为葡萄牙队队长投出的年度最佳球员选票恰恰是给了皇马这位飞翔的克罗地亚人。几周后，罗纳尔多捧起了他的第五座金球奖，追平了梅西保持的纪录。

然而无论多少个人荣誉、两个超级杯以及一座世俱杯奖杯，皇马的 2017—2018 赛季还是面临着变成一场巨大灾难的风险，尤其是赛季开始前的期待如此之高。欧冠八分之一决赛中当阿德里安·拉比奥特的进球为巴黎圣日耳曼客场取得领先的时候，皇马球迷的不好预感更加深重了。那个时刻，恐怕不少记者都已经开始毫不怜悯地大书特书皇马的弱点，为什么所有对手到了伯纳乌都突然显得庞大起来。巴黎人统治了比赛，看起来赛果更可能被扩大成 0 比 2，而非皇马扳平……就在此时，皇马与欧冠这项世界最佳赛事之间神话般的灵犀相通突然显现。大巴黎球员对克罗斯低级犯规，罗纳尔多将点球一蹴而就。紧接着阿森西奥在左路的两次精彩表演为罗纳尔多和马塞洛送上助攻，这两粒进球都多少有点运气的成分。华丽的巴黎圣日尔曼放了杀红眼的皇马一条生路，很快他们就因此付出了代价。在王子公园球场的第二回合，莫德里奇因伤缺阵，皇马几乎兵不血刃地 2 比 1 取胜。此前整个欧洲几乎都已经不把那支懒散的皇马当回事了，不过踢完法国人之后，皇马又一次成为夺冠热门，舆论开始设想他们是否真的可以完成欧冠“三连冠”的伟业。

事实正是如此。虽然欧冠主场依旧问题重重，皇马在欧洲荣誉的终极战场上始终展现出最好的客场表现。在通往基辅的决赛之路上，他们连续淘汰了尤文图斯（客场3比0取胜，罗纳尔多打入足以载入史册的倒钩）和拜仁慕尼黑（客场2比1取胜），虽然在伯纳乌的第二回合都险象环生。主场1比3负于尤文的比赛中，要是没有常规比赛已经结束时刻卢卡·巴斯克斯创造的点球，淘汰赛差点就要被拖入加时。而拜仁连续第二年让恐惧降临伯纳乌，只是最终2比2的比分没能扳回第一回合的败绩。莫德里奇不仅是胜利的创造者，更是球队陷入困境时的安全保障，总能通过控球与对手的层层逼近周旋。在这几场恶战中，莫德里奇都是球队运转的中轴，巧妙化解白热化的战局。终于，2018年5月26日，皇马在五年内第四次打入欧冠决赛，对手是黑马一般一路杀出重围的克洛普率领的利物浦。赛前几乎没有媒体看好利物浦，毕竟所有人都知道皇马不仅是打入决赛，皇马是来赢得决赛的。不过皇马上一次在欧冠决赛中败北恰恰是对阵利物浦，那是1981年的巴黎，利物浦依靠边锋阿兰·肯尼迪的进球1比0获胜捧杯。

赔率榜单上皇马非常占优，最终决定比赛的关键很可能是心态上的准备。利物浦对欧冠永远有着无限的饥渴，而皇马也期待着五年里的第四座欧冠奖杯，2016年以来三年三冠更是完美的愿景。在启程前往乌克兰首都之前的几天里，齐达内所做的事情正是激发起球员对“三连冠”的渴望。后来莫德里奇对德国《世界报》透露说：“我们看了一部电影，讲的是美国职业篮球联盟里那些曾经三连冠或者四连冠的球队，比如芝加哥红牛、湖人还有凯尔特人。他们都被称作一个王朝。现在（我们也拿了“三连冠”）人们也会管我们叫一个王朝了。”的确，利物浦去基辅是去踢决赛的，而皇马是去捧起俱乐部历史上第13座欧冠奖杯的。刚开场英国人占据了上风，但是当他们的当家球星、埃及人萨拉赫肩膀受伤下场之后，利物浦迅速失去了优势。下半场，利物浦门将卡里乌斯两次闹剧般的失误为本泽马和贝尔拱手送上大礼，威尔士人的第二球更是精彩绝伦，最终皇马3比1完胜，而莫德里奇又一次成为统领全场的将军。充沛的体能让他能在球队后防出现漏洞的时候迅速补防，同时又能多次穿透克洛普球队的防线，征战欧洲顶级联赛十年，他标志性的移动依旧让对手捉摸不透。将近90%的传球成功率更是展现出他超越常人的水准。

不过，“三连冠”现场的赛后庆祝却有点五味杂陈。恐怕很少有人会预料到塞尔维亚主裁吹响的终场哨会成为皇马历史上最伟大的球员之一的谢幕表演。比赛刚结束，克里斯蒂亚诺·罗纳尔多就宣布了对未来存疑的讯息：“在皇马的这些年一切都很完美，（关于未来）我过几天再说。”紧接着，在赛后发布会上，决赛最佳球员贝尔也坦言自己对于没能首发的沮丧，表示说：“我得坐下来和我的经纪人好好聊聊，再看怎么办。”这些发言为庆祝的夜晚笼上了一层不确定的阴影。葡萄牙人确实在7月11日宣布转会尤文图斯，结束了在皇马九个赛季的精彩表演。但更让人意外的是主教练齐达内在击败利物浦仅仅五天后就宣布辞职卸任。对于这个令人震惊的决定，法国人给出的解释是：“我觉得到了应该迈出这一步的时候了。我觉得这支球队如果想要继续赢得胜利，就需要有一些变化了。他们需要一个新的阶段，一种新的训练理念。我非常爱这家俱乐部。”

毫无疑问，那是皇马极为动荡的几周，不过好在球迷们还可以信任他们真正的护身符。截止到2018年夏天，皇马最后一次输掉欧冠的淘汰赛恰恰是莫德里奇因伤缺阵的时候。2014—2015赛季对阵尤文图斯的半决赛，莫德里奇扭伤膝盖离场，皇马在都灵输掉第一回合，第二回合也只收获平局。紧接着齐达内坐镇的三个赛季，莫德里奇没有缺席任何一场欧冠淘汰赛，而球队收获了三座“大耳朵杯”。2015—2016赛季的淘汰赛战绩是4胜1平（曼城）1负（狼堡）。2016—2017赛季是5胜1负（马竞）。2017—2018赛季是3胜1平（拜仁）1负（尤文图斯）。

至此，莫德里奇总共为皇马出场了25场双回合淘汰赛，球队的战绩是17胜5负3平。此外他还在全部三场获胜的决赛中出战，可以说，他是这支传奇球队真正的中场永动机。

第十六章

司法监察下的传奇

卢卡·莫德里奇登上世界足球的圣坛之巅并非全无代价。他也不得不面对一些令人头疼的麻烦。就在他在皇马站稳脚跟连夺冠军的时候，一些恼人的情况找上门来，有的威胁到他的个人隐私，对这样低调谨慎的人而言实在不快，而有的则直接和他与争议人物兹德拉夫科·马米奇（克罗地亚司法部门对他怀疑已久，自 2018 年起更是对他重点追踪）多年的合作关系有关，莫德里奇只得一一应对。这一系列的麻烦始于 2016 年，莫德里奇成了“足球泄密”网站的受害者，该网站自 2015 年 9 月以来专门泄漏国际球星的合同文件、转会费和工资等信息，网站首页上标榜着他们的信条是“只有通过公众压力才能揭露足球世界的黑暗面”。网站上线后不久，他们就瞄上了莫德里奇，窃取并公开了他与皇马在 2012 年签署的第一份合同的详情，这份合同的有效期至2017年，不过皇马在合同到期前(甚至是在“足球泄密”网站公布合同之前）就已经与莫德里奇续约。

这份被公开的合同显示莫德里奇的违约金是5亿欧元，工资是第一个赛季474.967万欧元，此后每赛季546.3155万欧元，分别在1月和7月分两次付清。除了这份工资，他还有每个月的6000欧元收入。此外他的纳税情况也在被公开的信息当中，1月和7月的两笔工资他税后分别可以获得120万欧元和150万欧元。从第二个赛季开始，他每赛季的净收入达到了310万欧元。对于莫德里奇这样谨小慎微的人而言，这些信息和数字被公之于众实在不是件愉快的事，然而这还不是最糟糕的，“足球泄密”网站事件不过是个小插曲，真正可能影响到他作为球员的职业生涯以及在公众面前素来良好的个人形象的是另一件大事。

2015年9月3日，克罗地亚知名日报发表了一篇调查报道，矛头直指莫德里奇在从萨格勒布迪纳摩到托特纳姆热刺的转会过程中参与了洗钱交易，引发了克罗地亚的全国震动。这篇报道写道：

“我们有理由怀疑——事实上这也是笔者的核心观点——2009年莫德里奇签约托特纳姆热刺的时候，马米奇和莫德里奇签订了一份合同，从中获利5200万库纳（1欧元约等于7.5库纳）。检察机关怀疑2009年莫德里奇在马米奇的说服下签订了一个未记录在案的合同附加条款，其中划定萨格勒布迪纳摩将收到的转会费中的50%直接交给球员，即迪纳摩支付给莫德里奇669万库纳，莫德里奇再私下将其中的520万库纳转给马米奇家族的数位成员。

“也就是说，兹德拉夫科·马米奇通过莫德里奇将俱乐部的黑钱洗成了白钱。而莫德里奇从中获利约150万库纳。根据银行窗口的交易记录，莫德里奇的转账操作和马米奇家族的账户异动之间存在时间上的吻合，今年检察机关将深入调查证明这是否是巧合。

“从银行窗口的记录来看，莫德里奇取出大量款项的同时，马米奇家族也有人在同一个窗口多次操作存进同等数额的钱。此外，检察机关最强有力的证据是，根据当时的记录，莫德里奇和萨格勒布迪纳摩在2008年终止合约的时候双方并无债务纠纷，但是合同附加条款却显示萨格勒布迪纳摩需要将转会费的一半支付给莫德里奇。

“尽管有以上证据，最关键的还是莫德里奇自己的证词。但是他很可能不仅是作为证人出庭，现有事实之间的联系显示莫德里奇也可能是马米奇财团的共犯，那就意味着这位皇马球星很可能从证人变成被告。除了莫德里奇，洛夫伦也身陷此次丑闻，但是我们还无法确认他是否得到传唤出庭作证。”

这篇报道一经刊登，身为克罗地亚足坛偶像的莫德里奇就陷入了无尽的法律纠纷当中，并在两年的煎熬之后差点遭遇这场官司可能带来的最坏后果。2017年6月，绿茵场上的莫德里奇刚刚跟随皇马一起迎来职业生涯的巅峰，他在自己祖国的声望却遭遇重击几乎跌落谷底。克罗地亚检察机关宣布莫德里奇涉嫌在马米奇的腐败案审判中作伪证，他们正式开启了对这位皇马中场大将的调查。此处涉及的2015年莫德里奇在调查中给出的证词，一旦伪证罪成立，依照克罗地亚的刑法他将面临五年以下的牢狱之灾。

莫德里奇和马米奇相识已久，他们的关系可以追溯到21世纪最初的年头。然而，这段关系在2001年时是莫德里奇能够抵达职业足球世界的关键桥梁，十几年后却成了巨大的麻烦。马米奇和其他三人一同因在萨格勒布迪纳摩与国外俱乐部的球员转会操作中非法获利1500万欧元并逃税150万欧元而受审，这其中就包括莫德里奇2008年转会托特纳姆热刺的操作。据英国《独立报》的报道，热刺支付的转会费本应由萨格勒布迪纳摩和球员本人平分。但是克罗地亚检察机关坚称这一条款是在合同签订后附加的，因此非法无效。2017年第二次出庭时，莫德里奇对自己2015年第一次出庭作证时的证词进行了修正，表示“我当时的意思是马米奇和我另外签署了私人合同，协调了转会费的分配”。

这个解释并不能让克罗地亚民众信服。莫德里奇的第二次出庭证词让不少厌倦了马米奇阴谋诡计的克罗地亚球迷开始将这位自己国家队里最重要的球员也视为敌人，他们觉得莫德里奇无论是台面上还是暗地里都在支持那个惹人厌的前俱乐部高层。在那之前，卢卡·莫德里奇一直是整个克罗地亚社会的榜样，是在逃难的逆境中成长起来破除万难的追梦少年。此时此刻，他的形象却一落千丈。在他的第二次出庭之后，甚至连他职业生涯中最意义非凡的地点都出现了反对他的标语。有一天早上，有人在扎达尔的伊兹大门上挂了一块牌子，上面写着：“卢卡，你会记得这一天的。”而在莫斯塔尔，杜布洛瓦卡街那幅美丽的涂鸦上出现了一行更为过分的辱骂：“婊子养的你还记得兹林斯基吗？马米奇 × 你妈的。”2018 年 3 月初，检察机关宣布对“一位出生于 1985 的克罗地亚公民”提起伪证罪的起诉。媒体直接确认了这一起诉指的就是莫德里奇。6 月第一周，马米奇被判处六年半的有期徒刑。为了能以双重国籍之名逃脱惩罚，马米奇在宣判前 24 小时逃往波黑。不过一周后，当地警方就拿着克罗地亚司法部门签署的国际搜捕令将他逮捕。不过，马米奇凭借自己波黑公民的身份逃脱了被遣返的命运，因为波黑的法律不允许强制将本国公民移送他国。

毫无疑问，那是卢卡·莫德里奇最难熬的几个星期，他的祖国和同胞在战争岁月中遭受的伤痕依然深深刻在这个南斯拉夫社会的许多人心里。这种情况下，可能唯一能让他挽回局面、愈合过去伤口的方式就是重新在绿茵场上征服球迷。在此期间，他率领克罗地亚队挺进俄罗斯世界杯决赛圈，同时也作为主航舵手跟随皇马取得欧冠三连冠（五年四冠）的历史性成就，在现代足球中前无古人。但是这些战绩并没有完全平息球场外的喧嚣。2018 年俄罗斯世界杯开赛前，刚刚落地的莫德里奇首先面对的媒体发问就与足球全无关系，记者针对司法程序的问题喋喋不休地追问，莫德里奇用一如既往的优雅姿态淡淡地回应“这就是记者能问出的最聪明的问题了”。

然而，除了在祖国的麻烦，在西班牙他也卷入税务上的纠纷。焦灼的 2017 年，就在莫德里奇在自己的第三届世俱杯上当选最佳球员的前几周，西班牙的经济犯罪部门指控他涉嫌在 2013 年和 2014 年分别通过卢森堡的一家公司逃税 290.099 万欧元和 579.0738 万欧元，一石激起千层浪。这家名为伊万诺的公司成立于 2012 年 12 月 20 日，唯一的股东是莫德里奇，公司的执行主管是他的妻子瓦尼娅·博斯尼奇。

此前，西班牙财政部已经调查了一长串肖像权在境外的顶级球员。如果球员拥有的境外公司没有在西班牙报税就会被视为隐瞒不报，一旦涉案金额超过 12 万欧元即构成犯罪。这些球员包括梅西和克里斯蒂亚诺·罗纳尔多，还有曾效力巴萨的马斯切拉诺、前马竞球员法尔考，以及当时在皇马踢球的哈维·阿隆索和科恩特朗。而就在莫德里奇的案件曝光的前几天，他的队友马塞洛刚刚因为 2013 年的一次类似的行为缴纳将近 50 万欧元的罚款。

在莫德里奇的案件中，他并没有像其他一些球员那样利用某个避税天堂般的国家，毕竟他的公司所在地依旧在欧盟内部，但是经过调查他在英属曼岛也有资产，意味着逃税的数额可能比预想中更高。因此，西班牙向曼岛有关部门签发了司法令，要求提供莫德里奇名下所有活期账户、存款和金融产品的信息。莫德里奇借鉴了有类似情况的队友和球员的先例，聘请前最高法院的法官何塞·安东尼奥·乔克兰担任自己的辩护律师，乔克兰也曾经参与过法尔考以及克里斯蒂亚诺·罗纳尔多的案子。莫德里奇始终强调自己的公司是注册在卢森堡因而完全合法，所以直到最后也未能与税务部门达成一致，但是为了避免可能的牢狱之灾，他还是缴纳了将近100万欧元的罚款，以和解书的形式表达了自己的良好合作意愿。这种尽可能规避更大风险的态度使得莫德里奇的处理方式与马塞洛更为接近，而克里斯蒂亚诺·罗纳尔多仍然在继续与财政部指控他的罪名抗争。

第十七章

通往荣耀的三场加时赛与奥利匹斯山巅

2018年7月7日，索契菲什特体育场。午夜钟声临近的时候，卢卡·莫德里奇又一次直面心魔。多年来——他自己也承认——这是他的阿喀琉斯之踵。俄罗斯和克罗地亚正在争夺世界杯半决赛的入场券，前者是东道主，而后者最终成为无与伦比的发现。常规时间的比赛以1比1的平局结束，虽然加时赛阶段维达的头槌——正是来自莫德里奇的助攻——一度让“格子军团”站在濒临重写1998年历史性半决赛的门外，俄罗斯人马里奥－费尔南德斯的一记头球却把比赛带入点球大战。双方对此都再熟悉不过，毕竟上一轮他们分别通过点球大战淘汰了西班牙和丹麦。在克罗地亚的10号主罚之前，苏巴西奇已经扑出斯莫洛夫大胆的“勺子”点球，阿金费耶夫也向左一扑拦截了科瓦西奇的贴地推射。费尔南德斯在踢飞点球的瞬间从主场观众的英雄变成罪人。此时，两边还只有克罗地亚的布罗佐维奇和俄罗斯的扎戈耶夫主罚命中。轮到莫德里奇了，队长袖标戴在手臂上，场上无所不能的领袖，达利奇麾下真正的灯塔。来到俄罗斯的时候，克罗地亚在国际足联排名第 20 名，几乎是从猫洞里挤进世界杯的，全靠赢下同希腊的附加赛才得以晋级，如今却即将追平球队的历史最好成绩。

在俄罗斯，莫德里奇的门前十二码答卷优异却并不完美。此前 2 比 0 击败尼日利亚和 3 比 0 完胜阿根廷时主罚点球的精湛表现在对阵丹麦的八分之一决赛中没能延续。加时赛结束前 4 分钟，雷比奇被放倒，克罗地亚获得毫无争议的点球，晋级的机会就在莫德里奇脚下，他却错失良机。丹麦国门小舒梅切尔——他的父亲是曼联 20 世纪 90 年代的传奇门将彼得 · 舒梅切尔——读出他的意图，一举封堵了他稍稍偏向门将左侧的贴地球。又一次，那个老问题又叫嚣着要回到莫德里奇的脑海。很难不想起 2008 年对阵土耳其罚失点球的那天，他从没为一场足球赛流过那么多眼泪。几分钟后，这场八分之一决赛成为两位伟大门将的直接对决。小舒梅切尔和苏巴西奇接连挡出点球手的射门。丹麦当家球星埃里克森和克罗地亚的巴德吉尔是最先罚失的两位。莫德里奇是克罗地亚第三个出场的球员，虽然刚刚罚失一次，他也没有逃避责任。比分的劣势让莫德里奇很清楚如果这个球不能罚进，就几乎宣告了克罗地亚的死亡。仅仅十分钟前自己的点球被小舒梅切尔扑出的场景又在脑海中盘旋。他选择的射门路线可谓铤而走险：贴地中路球。好在，门线上像托钵僧一样手舞足蹈想要干扰他的丹麦门将扑向了左边。皮球滚进球网的时候距离小舒梅切尔的脚只有几厘米。此后苏巴西奇扑出了两个点球，小舒梅切尔再次神勇地扑出了一个也于事无补。拉基蒂奇的最后一击命中将克罗地亚送进了世界杯八强。

带着本届杯赛上三进一失的点球成绩单，莫德里奇站在了俄罗斯门将面前，又是第三个主罚。罚进就意味着球队半只脚踏进半决赛。身经百战的莫德里奇这一次选择了向球门右侧劲射。阿金费耶夫猜中了他的意图。时间仿佛走了慢动作，一秒如同一小时。阿金费耶夫的指尖碰到了球，皮球打在右门柱上反弹了一下又沿着球门线向左门柱的方向飞去。两个国家屏住呼吸，半个世界注视着这令人焦虑的不确定。在莫德里奇的脑海里，点球点的恶魔又醒了过来。就在这时，皮球应声入网。克罗地亚队长如释重负，如同打入终场绝杀球。重担卸了下来。不过等他回到队友中间的时候，嘴唇还是严肃地紧紧抿着，眼睛里几乎没有欣喜。如果克罗地亚不能赢得这场点球大战，人们还是会指责他此前罚丢的点球，而他和克罗地亚司法部门的麻烦又会让他成为众矢之的。在中圈最先走向他的人是拉基蒂奇。这一次，又是拉基蒂奇罚进最后一粒点球，时隔二十年，克罗地亚再进世界杯半决赛。他们也成为继 1990 年的阿根廷之后，历史上第二支连续两轮淘汰赛点球取胜的球队。莫德里奇终于可以放肆庆祝了。再次成为全场英雄的苏巴西奇脱下球衣，骄傲地露出里面纪念赫尔沃耶·库斯蒂奇的背心，他说英年早逝的挚友是克罗地亚队在俄罗斯世界杯赛场上的守护天使。莫德里奇冲过来拥抱他，两人肩挨着肩热泪盈眶地在全世界面前怀念他们自扎达尔时代的好朋友。连天炮火里，他们曾经一起做过一个关于足球的梦。

克罗地亚在俄罗斯一路向前，家乡的街道也挤满了越来越多骄傲地穿着格子球衫的人。克罗地亚总统科琳达自费乘坐普通民航班机前往俄罗斯为球队加油助威。在这个危机不断的国家，物价依然飞涨，社会问题依然存在，养老保险改革计划再度失败，但是那个夏天，足球是最好的解药，是所有人的麻醉剂，仿佛什么都可以暂时被疗愈。成千上万的人为同一支球队的胜利欢歌。无论是扎普雷西奇男孩组合的*Igraj moja Hrvatska*（《踢吧，我的克罗地亚》）、*Neopisivo*（《无法解释的奇迹》）、*Samo je jedno*（《生命中的唯一》）还是内勒德的*Srce vatreno*（《灼热的心》）抑或是巴鲁尼的*Neka pati koga smeta*（《就让烦人的都遭罪》）全是人人都会唱的球迷歌。甚至连曾经的南斯拉夫兄弟都纷纷现身。塞尔维亚网球名将诺瓦克·德约科维奇和斯洛文尼亚篮球天才卢卡·东契奇都公开表示全情支持克罗地亚。德约科维奇还因此遭到了塞尔维亚极端分子的大肆指责。

半决赛克罗地亚的对手是英格兰。虽然他们在大赛淘汰赛阶段的运气一直不太好，但至少对阵“三狮军团”的过往战绩可以给他们增添不少信心。回望上一届大赛，克罗地亚的2016年欧洲杯之旅可谓苦忧参半。小组赛克罗地亚发挥稳定，在1比0战胜土耳其的比赛中，莫德里奇在著名的巴黎王子公园球场禁区前沿打入精彩劲射。虽然第二轮被捷克2比2逼平，最后一轮2比1战胜西班牙还是确保了他们小组出线。对阵捷克的比赛中，莫德里奇内收肌受伤下场，打西班牙的时候也没能出场。也是在那场比赛中，有一部分克罗地亚球迷又用错误的方式表达起他们的爱国情绪。他们在看台上的骚乱和焰火甚至导致比赛中断了几分钟。克罗地亚球员不得不亲自请求球迷平静下来。这样的插曲也扰乱了克罗地亚的状态，最终从2比0领先被对手扳平。伊万·佩里西奇对圣埃蒂安球场里自家球迷的行径表达了严厉的指责（要知道这可是一位把头发剃成克罗地亚版图图案、染成克罗地亚国旗颜色的球员）：“这完全没有道理。是不是我们最好不要踢了，不要给我们的祖国抹黑。”主教练查契奇也表示：“这些人不是球迷，他们是恐怖分子。”最终欧足联给克罗地亚足协开出了10万欧元的罚单，欧洲杯的余下比赛也禁止售卖球票给有闹事前科的球迷。而克罗地亚紧接着就在八分之一决赛中以最残酷的方式被最终夺冠的葡萄牙淘汰。那场比赛的过程像温暾水一样索然无味，克罗地亚失去了小组赛阶段的光芒，最好的几次机会都出自维达的头球。加时赛最后时刻，佩里西奇击中门柱错失良机，紧接着葡萄牙人快速反击，夸雷斯马打入了制胜球，这几乎是整个 120 分钟里葡萄牙人唯一一次真正有威胁的射门。就这样，克罗地亚人的法国梦破碎了，“黄金一代”又一次失去了历史性的机遇，留给他们的时间并不多了。

正因为如此，对阵英格兰的半决赛是这一代球员渴望多年的机会，32 岁的莫德里奇和 30 岁的拉基蒂奇能够率领球队在世界杯上走到这一步，可能甚至出乎他们自己的意料。近年来的世界足坛几乎被巨星的个人光环笼罩，终于，这一次，团体的力量崭露出来。克里斯蒂亚诺·罗纳尔多、梅西和内马尔都已经出局，在俄罗斯统治绿茵场的是球队的团队精神。这一点上，捧回三次世界杯全场最佳的莫德里奇完全不羡慕那几位世界最佳。

然而半决赛却以最糟糕的可能开局，特里皮尔第五分钟就以一记完美的任意球为英格兰队取得领先。整个上半场，作为虔诚天主教徒的主教练达利奇几乎都是把右手放在口袋里攥紧念珠十字架度过的。这个动作自从他执教以来每当球队表现不尽如人意的时候都会出现。2017 年 10 月达利奇临危受命执掌国家队的时候，克罗地亚足球问题重重。竞技方面克罗地亚队爆冷被芬兰逼平，为了能抢得附加赛资格必须和乌克兰一搏生死。球场外，马米奇的丑闻是媒体每天的头条新闻，莫德里奇和洛夫伦也深受连累。达利奇以一种近乎神秘的盲目信心接下了这个“烂摊子”，对选择他执教的苏克下了军令状：“如果克罗地亚打不进世界杯决赛圈，我就辞职。”他们在基辅 2 比 0 战胜了乌克兰，紧接着在附加赛中力压希腊出线（主场4比1，莫德里奇罚进一粒点球；客场0比0）。对于莫德里奇，达利奇从来不吝溢美之词："是他给了我们信心，让我们相信我们的能力。"时隔九个月，达利奇已经成为全民称颂的英雄，在巴尔干半岛硝烟战火里成长起来的一代把克罗地亚足球送上了仅仅一年前还没有人敢想的高度。

回到半决赛。时间一分一秒地过去，克罗地亚人开始收复阵地，但是当开场半小时哈里·凯恩差点为英格兰扩大比分优势的时候，达利奇一定还是紧张地又攥了攥拳头。克罗地亚侥幸逃过一劫之后，莫德里奇站了出来，用训练过千百次的技术和品格警醒队友、率队前行，随着时间的推进，他完全没有显出任何体能疲态，反而越踢越好。有他坐镇中场，整支球队的运转都好像容易起来。他的带球无人能及，总是简洁迅速，不玩花招。无论长传短传都像手术刀一般精准。达利奇找到了自己的生命保险，而克罗地亚开始占据比赛的主动。佩里西奇用脚尖扳平比分。又是加时赛。连续第三场。但是，有"刀锋军团"美誉的克罗地亚人硬是用热血杀出生路，哪怕在加时赛阶段体能耗尽被英格兰压制的时候也丝毫没有退缩。洛夫伦脚下是在卡尔洛瓦茨度过的年月，那里是当年克罗地亚遭到最大规模摧毁的地方。拉基蒂奇不曾忘记全家逃离战乱前往瑞士时受到的死亡威胁。莫德里奇想起那个在祖父死后连夜逃离奥布洛瓦克山区的懵懂男孩。而在世界上的某个角落，已经退出国家队的老队长斯尔纳怀念起冲突中怀着孕被塞尔维亚游击队活活烧死的祖母。还有当年从家门口的屠杀里幸存下来逃往德国的曼朱基奇，仿佛所有人的精神力量都在他的身上爆发了出来。此刻的他明明已经筋疲力尽，和对方门将皮克福德冲撞后的疼痛愈演愈烈，却抓住英格兰后防线上的漏洞打入制胜球，克罗地亚成为继 1950 年的乌拉圭之后在世界杯决赛舞台亮相的最小的国家。

克罗地亚陷入狂喜。广场上全是庆祝的拥挤人潮，过往车辆激动地按着喇叭，烟火和国家队球衣统统脱销，连政府的周例会上内阁部长也都穿起球衣，前所未有的壮观场面。决战法国在即，面对新一轮对连续踢加时赛的克罗地亚全队体能的质疑，莫德里奇毫不留情地讽刺了英国媒体此前关于克罗地亚体力不济的报道："我们出乎所有人的意料，尤其是那些英国记者和电视评论员。他们错在低估了克罗地亚。他们说的、写的我们都看了，看完以后我们就会说：现在让我们来看看谁更累。我觉得他们本应更谦虚一点，更尊重我们一点。"在距离俄罗斯 3000 公里的祖国，克罗地亚总理普连科维奇呼吁全国的企业无论决赛结果如何都在周一给员工放假，这样所有人都能去萨格勒布的班杰拉克广场迎接英雄回家。

就这样，涌动着爱国热血的"刀锋将士"毫无惧色地站在了世界杯的决赛场上。1998 年世界杯半决赛上，虽然苏克首开纪录，但东道主法国队却依靠图拉姆的梅开二度破灭了克罗地亚人更进一步的希望。如今再次对阵法国，克罗地亚人又多一重必胜的理由。赛前的预测都认为法国是更大的热门。历史战绩上，克罗地亚在此前五次与高卢雄鸡的对垒中从未获胜，而且连续踢了三个加时赛的他们相当于比德尚的球队多踢了整整一场比赛，这支法国队恰恰又是以体能见长。克罗地亚唯一可能与法国队抗衡的力量在于他们拥有莫德里奇。但是作为金球奖大热门的他眼中只有国家队："我现在只想着和球队一起赢得冠军。能够成为金球奖的候选人我很荣幸，但是我不太在意个人荣誉。我想赢得世界杯。其他都不是我能决定的。"在决赛开始前，莫德里奇是整届赛事里跑动距离最多的球员，六场比赛他的跑动距离达到了63.03公里（有球跑动25.44公里，无球跑动22.73公里），604分钟的出场时间让他成为除了守门员以外上场时间最长的球员，48次的抢断次数同样位列第一。创造机会的数据（16次）也紧随内马尔、特里皮尔和德布劳内排名第四。无论是进攻中的创造力还是防守中的摧毁力，莫德里奇的表现都无可比拟。

2018年7月15日，周日，莫斯科卢日尼基体育场。6700万人口的法国对阵400万人口的克罗地亚。法国队出场热身后10分钟，克罗地亚队也登场了。莫德里奇第一个走出来，用简短有力的句子不停鼓励着队友。这个平时少言寡语的男人总是会在需要的时刻主动担起责任，成为焦点。而队友们围绕着他，如同士兵追随将军。拉基蒂奇在世界杯前录制的《球员讲坛》节目中说过："看着他阅读比赛的能力，他在球场上的表现，我们全队上下都知道他是我们的人，我们的领袖。”

然而决赛的进程并不如克罗地亚人所愿。上半场，如饥似渴的克罗地亚队压得法国队只有招架防守之力，龟缩在洛里镇守的禁区之内。然而格列兹曼在大禁区前的摔倒让他从阿根廷主裁那里得来了一个任意球，造成了曼朱基奇的乌龙。克罗地亚咽下苦果起身再战，佩里西奇重炮扳平，全队士气大振。中场休息前，视频助理裁判探测到佩里西奇禁区内幼稚的手球犯规，格列兹曼点球命中，半场法国 2 比 1 领先。看台上球迷们继续高唱着《灼热的心》，然而心中虽然依旧热血澎湃，克罗地亚球员的双腿实在跑不过最终决定冠军归属的姆巴佩和博格巴。下半场曼朱基奇利用洛里的一次严重失误将功补过，但是已经无力回天。克罗地亚倒在了距离梦想最近的地方。

比赛结束后，看台上“格子军团”球迷自豪的喝彩声甚至比法国球迷更加震耳欲聋。在克罗地亚的大街小巷，整个国家也都在向他们的英雄致敬。时之终结，莫德里奇的泪水令人心碎，无论曼朱基奇怎样安慰他都无济于事，他明白自己已经失去了最后一次可能率领国家队夺冠的机会。颁奖典礼上，莫德里奇当之无愧地获得了整届赛事的最佳球员，那个颠着球走过崎岖山路的孩子站在了与贝利、马拉多纳、罗纳尔多、齐达内和梅西比肩的高度，当代足球的奥林匹斯山神殿向他敞开大门。第二天，有没有全国假期已经不重要，20 万人涌上萨格勒布街头迎接他们的国家队，向这些从未停止梦想、一次次与那些足球大国一决高下的英雄致敬。游行花车上，彻底放松下来的莫德里奇举着烟火享受这一刻的满足，历经种种挫败质疑，也失去过球迷的信任，此时此刻的他毫无疑问是克罗地亚史上最伟大的足球运动员。

庆祝延续了一整个星期，遍布克罗地亚的城镇村庄。这意味着达利奇的球队直到七月下旬才开始休假，几乎没什么时间复原体力就不得不开始新赛季了。几个月后莫德里奇在接受国际职业足球运动员协会的采访时承认自己确实很难从俄罗斯世界杯的情绪和体力消耗中恢复过来，“赛事结束后我觉得自己完全被抽干了。而且只有三个星期的时间休整，这是我当职业球员以来最短的假期。”不过虽然此后一个赛季莫德里奇都多少受到了体能和状态的困扰，俄罗斯的疯狂之夏和回国后来自球迷的爱意依旧是他最珍贵的国家队记忆。

那是谦卑英雄的凯旋。那个饱受质疑的达尔马提亚天才——当时多少人不相信他细瘦的双腿，那个追着梦想在扎达尔街头踢碎窗玻璃的金发少年——浑然忘了空中轰炸机的呼啸随时可能夺走他的性命，这是不懈努力、超越自我、坚毅恒心的胜利，更是谦卑的胜利。那一天，卢卡·莫德里奇君临萨格勒布，全城顶礼，如同救世主抵达应许之地。

第十八章

金球

卢卡·莫德里奇永远不会忘记那一天。2018年12月3日，晚上8点刚过，他在富丽堂皇的巴利富格酒店房间做好最后的准备，这里毗邻香榭丽舍大道，他将要走完通往巴黎大皇宫的最后一公里，走向他成为世界最佳球员的加冕礼。正如成千上万的运动员，莫德里奇的职业生涯里辗转过各国各城的酒店，这家法国首都市中心的酒店会成为他记忆里最新近的收藏（当然在重要性上永远不会超越将近三十年前的科洛瓦雷酒店和伊兹酒店）。瓦尼娅帮他戴上精心挑选的领结，轿车等在门外，他就要去打破克里斯蒂亚诺·罗纳尔多和里奥·梅西十年之久的垄断。或许这个时候，他会有一刻的失神，回头看看这一路的不可思议，他是怎样从奥布洛瓦克山区走到《法国足球》颁发的金球奖舞台。虽然并无悬念，他在四天前已经得知结果，激动的心情依然难以抑制。《法国足球》主编帕斯卡尔·费雷提前打来电话向他宣布了喜讯，此刻的莫德里奇要去尽情享受这一刻的绚烂。

自从2007年巴西人卡卡捧起金球奖之后，还从来没有除了罗纳尔多和梅西之外的第三人获得过这个世界足坛最重量级的个人奖项。直到莫德里奇的出现。和他一起搭乘皇马专机前往巴黎的还有弗洛伦蒂诺·佩雷斯、他的好朋友塞尔吉奥·拉莫斯以及皇马名宿罗伯特·卡洛斯、劳尔·冈萨雷斯和埃米利奥·布特拉格诺。他的父母斯蒂普和拉多伊卡也在这支莫德里奇为自己的“大日子”挑选的23人小分队中，他们是一切的缘起。而瓦尼娅、八岁的少年伊万诺、艾玛以及刚满一岁的索菲亚已经在法国首都等待与他会合。晚上8点10分，卢卡和家人一同出发前往大皇宫，这是恐怕他自己都没想过能有机会经历的时刻。

俄罗斯世界杯落幕之后，莫德里奇经历了许多情绪上的大起大落。首先是克罗地亚国内的盛大迎接仪式，他和苏巴西奇、弗尔萨里科、利瓦科维奇四个扎达尔人在漫天烟火里乘船从亚得里亚海上回到家乡。紧接着他被卷入了皇马的夏日动荡之中。齐达内和克里斯蒂亚诺·罗纳尔多先后离队之后，莫德里奇可能转会国际米兰的传闻成了报纸关注的焦点。国米的愿望固然真切，却也滑稽。蓝黑军团给皇马开出的价格在马德里人看来简直如同侮辱：区区1500万欧元的租借费，附加后续的购买条款——这是各家俱乐部想要避开国际足联公平竞赛的经济限额耍出的花招。对莫德里奇而言，其他俱乐部的兴趣至少可以作为和皇马谈续约条件的砝码。国米给他开出的是六个赛季、每赛季1000万欧元的薪水——《米兰体育报》称前四个赛季是在国米本队效力，最后两个赛季他可以在国米大股东投资的中超球队江苏苏宁退役。

意大利媒体透露说，齐达内和罗纳尔多的离开让莫德里奇开始担忧皇马的又一个黄金时代是否已经行将就木，而且新人主教练洛佩特吉是否会更重用阿森西奥和塞巴略斯这样的年轻人。与此同时，面对国米的报价，皇马的态度非常坚决：任何想要签走这位当家球星的俱乐部必须替球员支付高达7.5亿欧元的违约金。情势胶着的那些日子里，莫德里奇每天正常去训练，但是缄口不言，把外界传闻也好、主席的冰冷态度也罢全部吞进肚子里。弗洛伦蒂诺指派球队名宿米贾托维奇作为传声筒来处理这个显然不可能变成现实的转会谈判。就在此时，皇马用莫德里奇的10号公布了自己的第三球衣，而意大利方面显然也接受了挑战，打起社交媒体牌。国际米兰队中的三个克罗地亚球员佩里西奇、布罗佐维奇和弗尔萨里科在“照片墙”应用上发了俱乐部球衣并附言：“还缺谁？”不过到了8月10日，闹剧终于终结，莫德里奇在同弗洛伦蒂诺的私人会谈上确定了新的合同条款和涨薪。虽然国米的报价一度提高到分期支付6000万欧元，但这还是与皇马的心理预期相去甚远。一天后，皇马在伯纳乌杯上迎战AC米兰，主场球迷用雷鸣般的掌声和欢呼迎接他们的中场大将踏上球场。很显然，皇马完全不考虑出售莫德里奇，他不会步齐达内和罗纳尔多的后尘。

莫德里奇在世界杯后重获克罗地亚球迷的喜爱，在皇马球迷中也是声望日益高涨，不过这还不是他这一年的情绪高点。2018年，他超越罗纳尔多、格列兹曼、姆巴佩和梅西，成为所有人心中公认的世界最佳。这样精彩纷呈的一年要从他2017年底世俱杯上获得赛事最佳球员算起。而2018年春天和夏天的表现更是让他成为世界足球先生的最强有力竞争者。在皇马，他率领球队获得连续第三座欧冠奖杯（五年里的第四座），毫无疑问已经成为“白衣军团”的传奇，俱乐部历史上最好的中场球员之一。世界杯上，他又将克罗地亚带进决赛，前所未有地满足了祖国同胞的爱国热情。而且他还力压比利时的阿扎尔和法国的格列兹曼获得国际足联技术组颁发的世界杯最佳球员。

世界杯上的个人荣誉只是一系列认可的开端。在他的祖国，克罗地亚总统科琳达·格拉巴尔为整支国家队颁发了布拉尼米尔公爵奖章，以褒奖他们为振奋国民、提高克罗地亚在国际上的声誉做出的杰出贡献。8月，欧足联将2017—2018赛季最佳中场和最佳球员颁给莫德里奇。几周后，他力压克里斯蒂亚诺·罗纳尔多获得国际足联颁发的“世界足球先生”称号，这是由世界各地的球员、教练、记者投票选出的奖项，他的皇马前队友显然对这个结果并不满意。颁奖那天，台上，克罗地亚足球的新英雄手握奖杯这样说道：“我想要致敬我的偶像，那支在 1998 年世界杯上夺得季军的克罗地亚国家队的队长。他给了我巨大的灵感和动力，他的那支球队让我们相信我们也能在俄罗斯创造历史。如今，我们也很幸运地成为下一代球员可以仰望的存在。这个奖证明了我们每个人都可以成为最佳，只要依靠不懈的努力、信心和毅力，所有的梦想都可能变成现实。”而台下，这位莫德里奇儿时的偶像、时任国际足联副秘书长的兹沃尼米尔·博班在秘书长因凡蒂诺忍俊不禁的注视下泪流满面，不能自已。

在那之后，当年的其他奖项也纷纷花落莫德里奇。在国际足球历史与数据协会的评选中，经过 90 个国家的专家投票，他以 272 分获得年度最佳球员（排名第二的是 128 分的梅西）。足球门户网站 Goal.com 的年度排行榜中他同样位列第一。并非仅仅局限体育的媒体也将目光投向了莫德里奇。《GQ》杂志在马德里的皇宫酒店将年度最佳运动员颁给了莫德里奇——这个奖项甚至超越了足球这个单一项目的范畴。这些奖项虽然从重要性上比不上世界足球先生，但累积起来更让莫德里奇成为金球奖的最大热门。

不过世界杯后的日子并不是只有鲜花和荣誉，莫德里奇也需要做出很多抉择。皇马的风波过去之后，他还不得不为自己在国家队的未来做好打算。2018 年俄罗斯世界杯决赛之后，还有什么成就和雄心值得这位 33 岁的顶尖球员继续保持同时效力俱乐部和国家队？有很多人都劝他退出国家队：没有必要再冒可能缩短职业生涯寿命的风险。也许，他在国家队最辉煌的时刻已经过去了，也许，最后这几年，他应该把注意力集中在俱乐部的比赛当中。下一届国家队大赛是2020年的欧洲杯，似乎太遥远了，而且乔尔卢卡、曼朱基奇和苏巴西奇都已经带着世界杯亚军的成绩退出国家队，晋级之路只会更加艰难。可是，莫德里奇还是想要继续，他说，这是一个“动情的决定”。为国家效力是他最大的幸福，因此，欧洲国家联赛烽烟再起的时候，他又站在了队伍最前面，率领“格子军团”前行。“欧国联”是欧足联新发明的赛制，一方面为了减少国家队比赛日时无关紧要的友谊赛（俱乐部和各国足协的关系因此有过多次争端），一方面这也是直通欧洲杯决赛圈的一种方式。这一次，克罗地亚的战绩并不如人意，他们和西班牙、英格兰同组，最终积分垫底，其中在埃尔切客场0比6惨败西班牙的比赛尤为痛苦。克罗地亚媒体仿佛立刻就忘记了夏天的荣耀，“埃尔切大败”“达利奇输给了恩里克的斗牛舞”这样的头条比比皆是。当然，这并不影响2018年成为莫德里奇人生中难忘的一年。年末的时候，莫德里奇和铁饼运动员桑德拉·佩克罗维奇一起获得了《体育新闻报》评选出的克罗地亚年度最佳运动员。这是他第一次获得这一奖项。而毫无疑问，这一年的巅峰时刻是金球奖。

12月3日注定是不平凡的一天，莫德里奇登上世界足球个人荣誉的最高领奖台。某种程度上，这几乎是对过去那些年里质疑过他的人的复仇——虽然莫德里奇本人的性格使他并不会这么想。那个曾经被怀疑无法在职业足球世界站稳脚跟的单薄少年如今已经成为世界上最优秀的球员。坐在他周围的有他的妻儿，有国际足坛那些伟大的名字（除了克里斯蒂亚诺·罗纳尔多），但最重要的是包厢里坐着的他的父母。当初，是他们在爷爷卢卡遇害后带着年幼的莫德里奇逃了出来，也是他们放弃更好的选择、冒险留在扎达尔的伊兹酒店只是为了让自己的儿子可以继续足球梦。因此，巴黎的这个夜晚，斯蒂普·莫德里奇难以自抑的激动心情有了深刻的意义。颁奖仪式的最高潮来临，法国足球传奇、仪式的主持人大卫·吉诺拉念出卢卡·莫德里奇的名字，大皇宫升起的高台之上，莫德里奇手捧金球奖杯笑容满面地出现。这一刻，他的名字正式与罗纳尔多和梅西比肩。吉诺拉与莫德里奇拥抱之后，问他："你感觉怎么样？"莫德里奇只是深吸一口气，笑得更开了。面对为他欢呼鼓掌的观众席，他的目光立刻找到了自己的家人。他对着麦克风，说出了下面这段话。

"大家晚上好"——他用准确的法语向观众致意，随后就换成了英语，声音因为激动而时有哽咽——"我从来没有过这样的感受。我感到快乐、骄傲、荣幸。我很难用语言形容我现在的心情。请允许我感谢所有帮助我走到这里的人。"（吉诺拉插了一句："是不是感觉梦想成真？"）"我想感谢我的队友、教练、皇马俱乐部的工作人员。还有国家队的教练和队友。当然还有我的家人，我的妻子和孩子。他们让我可以在生活中和赛场上都成为我想成为的人。”新科金球奖得主确信如果没有这些人的帮助他不可能走到这里。紧接着他回答了吉诺拉的问题：“小时候，我们每个人都有梦想。我的梦想就是在一支伟大的球队踢球，赢得重要的奖杯……这是我做过的梦。金球奖对我而言不仅是梦想成真，也是一种荣幸。”响彻大厅的掌声打断了他的话。吉诺拉借机问他对于打破梅西和罗纳尔多的统治做何感想。“谢谢大家。（能获得这个奖项）太难以置信了。不仅是因为（候选人里有）梅西和罗纳尔多这两位现象级的球员，还有其他几位今天在场的优秀球员：内马尔、姆巴佩、格列兹曼。赢得金球奖对我而言意味着我今年在场上做成了一点特别的事情。2018年对我而言真的是非常特别的一年。”莫德里奇露出带着一丝紧张的微笑，在看完总结他一年历程的短片时眼里有泪光闪过。庆典就此结束。

看着自己的儿子加冕足球之王，斯蒂普·莫德里奇落下的泪水里满是回忆。攥紧的拳头终于彻底了结了自己人生中那些糟糕的遥远过去。在他眼前，自己的大儿子，那个曾经抱着足球睡觉、曾经梦想为斯普利特海杜克效力的少年，当初他最多也只想着要是能在欧洲的大球队踢上球就好了，却从来不曾想到，这个自儿时与他形影不离的皮球最终会变成金灿灿的奖杯，陪伴他登上世界之巅。12月的这一天，在法国首都，现实比梦想中的更美。

万事皆有因。尼科·科瓦奇眼中的莫德里奇“受到所有队友的尊敬，不仅是因为他的成绩，更是因为他的性格和日常的一举一动”。他身上的品格光彩熠熠。多年来，他一直是克罗地亚年轻人的偶像和榜样，孩子们不仅模仿他的发型，也从他身上学到了更多别的东西。莫德里奇从来没有忘记自己从哪里出发，在任何时刻都不惜一切为祖国效力，同时也曾在 2014 年 5 月黑山和塞尔维亚遭遇大洪水的时候倾囊相助。克罗地亚人不会忘记在萨格勒布的世界杯亚军庆典上，观众中一个罹患唐氏综合征的小球迷不停呼喊他的名字，莫德里奇立刻将小球迷接到台上来和大家一道庆祝。而 2015 年难民危机中，当“伊斯兰国”极端组织导致成千上万的人无家可归时，莫德里奇也曾对叙利亚小难民扎伊德伸出援手。或许，在扎伊德的眼睛里，卢卡又看见了那个在扎达尔追着球跑的 7 岁少年。不懈的努力、劳作、自信和家人的支持写就了这个当代体育史上最动人的故事——一个从战火硝烟里走出的孩子，最终成为全世界千万个少年仰望的榜样，千万只眼睛关注的焦点。

这是卢卡 · 莫德里奇的故事。